Xiaoxue Xiaoyuan Zuqiu Jiaoxue Shili（Shuipingyi）

小学校园足球
教学实例（水平一）

主编：马克　王学谦　雷燕林

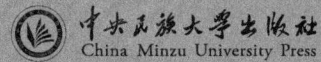

图书在版编目（CIP）数据

小学校园足球教学实例.水平一/马克，王学谦，雷燕林主编.—北京：中央民族大学出版社，2023.2

ISBN 978-7-5660-2022-2

Ⅰ.①小… Ⅱ.①马… ②王… ③雷… Ⅲ.①足球运动—小学—教学参考资料 Ⅳ.①G623.83

中国版本图书馆CIP数据核字（2022）第008102号

小学校园足球教学实例（水平一）

主　　编	马　克　王学谦　雷燕林
副主编	白　杰　刘　跃　张　翔
编　　委	马笑晨　冯　爽　汪　朋　庞　博　郁兆良　郭少花　蒋子文
策划编辑	赵秀琴
责任编辑	陈　琳
封面设计	舒刚卫
出版发行	中央民族大学出版社
	北京市海淀区中关村南大街27号　邮编：100081
	电话：（010）68472815（发行部）　传真：（010）68933757（发行部）
	（010）68932218（总编室）　　　（010）68932447（办公室）
经 销 者	全国各地新华书店
印 刷 厂	北京鑫宇图源印刷科技有限公司
开　　本	787×1092　1/16　印张：14.25
字　　数	170千字
版　　次	2023年2月第1版　2023年2月第1次印刷
书　　号	ISBN 978-7-5660-2022-2
定　　价	64.00元

版权所有　翻印必究

开篇语

2014年4月，北京市教委为进一步贯彻落实党的十八届三中全会精神，深化素质教育，下发了"高等学校社会力量支持中小学体育美育特色发展的通知"（简称"高参小"）。为贯彻落实北京市教委对北京高等学校参与小学体育、美育发展工作的相关精神和工作部署，首都体育学院与北京市西城区中古友谊小学等六所学校合作实施了小学体育发展工作的支持项目。本书正是"高参小"计划的指导下足球项目在中古友谊小学的教学实践成果之一。

作为一所体育专业高等院校，以专业服务社会，推动青少年参与体育运动，促进其体质增长是首都体育学院重要的社会责任，不仅为社会培养了大量的体育师资，还积极投身社会发展事业，鼓励校内师生参与各类社会实践，以服务社会、应用于社会的心态获得积累和成长。"高参小"便是一个很好的实例。在这些年的不断推进过程中，校内各级领导将协助小学校园体育文化发展、合理提高小学生运动参与度作为主要着力点，协同各小学按需策划、因地制宜开展各类教学、训练、赛事等活动。在此过程中不断创新并积累，完善了各校的校园体育文化理念，成果显著，赞誉四起。

北京市西城区中古友谊小学秉承"以人为本，至和至美"的办学理念，积极与首都体育学院进行合作，在开展诸多校园体育文化活动中充分考虑到了学生发展的个性化和差异化，科学安排时间，策划项目拓展。在首都体育学院教学团队的协助下，目前已有十余个校级运动项目代表队进行长期练习，并建立了十五个体育文化社团，保持丰富的活动。这其中，足球项目得到了长足的发展。2016年，中古友谊小学获批"国家级校园足球特色校"，这是对校园足球活动开展的认可和激励。校体育教研组的教师们能够在此基础上再接再厉，夯实基础，将"普及"作为开展活动的第一要素，将"参与"作为衡量活动的第一标准，以此为范，不断完善。

  本书受到北京市教委"高参小"项目的支持，在首都体育学院、北京市西城区中古友谊小学众多师生的创编和实践中逐步完成。其中所有内容均需要在实践中记录，在实践中修改，参与编写人员付出了很大的努力。以文字对实践中的场景和操作进行表达做得不尽完善，这是本书编写过程中一个很大的困惑，希望读者给予批评、指正。在此，对所有参与"高参小"的工作人员表达敬意，对参与本书编写及协调编写工作的老师们表达谢意！

目 录

第一部分：技术、技巧指标与分类 / 1

第二部分：教学课程进度（水平一） / 4

一、第一学期教学课程进度 / 4

二、第二学期教学课程进度 / 5

三、第三学期教学课程进度 / 6

四、第四学期教学课程进度 / 8

第三部分：教学课时分配计划 / 9

第四部分：第一学期教学实例 / 11

室内课程教学内容素材（一）/ 47

室内课程教学内容素材（二）/ 50

室内课程教学内容素材（三）/ 60

第五部分：第二学期教学实例 / 62

室内课程教学内容素材（一）/ 98

室内课程教学内容素材（二）/ 102

室内课程教学内容素材（三）/ 107

第六部分：第三学期教学实例 / 111

室内课程教学内容素材（一）/ 150

室内课程教学内容素材（二）/ 153

第七部分：第四学期教学实例 / 159

室内课程教学内容素材（一）/ 198

室内课程教学内容素材（二）/ 200

第八部分：教学中操作要点指导 / 203

一、小学足球教学中游戏法的运用 / 203

二、小学足球教学设计与组织要点 / 207

第一部分

技术、技巧指标与分类

小学一年级		
技术、技巧	内容	备注
球性	有球游戏及踩拉球，脚内、外侧运球练习	可设为"课课练"内容，占较大比重
踢球	脚内侧传球练习	左、右脚练习，由原地逐步过渡到在运动中完成
接球	脚内侧接球练习	左、右脚练习，由原地逐步过渡到在运动中完成
运球	脚内侧运球、脚背外侧运球练习	配合球性练习逐渐提高
组合技术	传、接、运的二元组合练习	综合练习，在初步掌握上述技术的基础之上完成

小学二年级		
技术、技巧	内容	备注
球性	有球游戏及踩拉球，脚内、外侧拨球练习	可设为"课课练"内容，占较大比重

续表

小学二年级		
技术、技巧	内容	备注
踢球	脚背正面射门练习	左、右脚练习，由原地逐步过渡到在运动中完成
接球	前脚掌接球及接球变向	左、右脚练习
运球	脚背正面、外侧运球练习	以直线运球为主
组合技术	传、接、运、射的三元组合练习	综合练习，在初步掌握上述技术的基础之上完成

小学三年级		
技术、技巧	内容	备注
球性	有球游戏及踩拉球，脚内、外侧拨球练习，原地假动作练习	可设为"课课练"内容，占较大比重
运球	变向、变速运球及运球假动作练习	多部位有节奏控球变向、变速
踢球	脚背正面射门练习	左、右脚不同角度练习
抢截球	正面跨步抢截球、侧面合理冲撞练习	配合规则讲解
掷界外球	掷界外球技术练习	在原地及助跑中完成
组合技术	传、接、运、射的四元组合练习	综合练习，在初步掌握上述技术的基础之上完成

小学四年级		
技术、技巧	内容	备注
球性	脚背正面、大腿颠球等球性练习	—

续表

技术、技巧	内容	备注
踢球	脚背内侧踢球	以原地和地滚球练习为主
接球	脚内侧接反弹球、脚背正面接空中球	左、右脚练习
守门员技术	步法与移动中接地滚球	配合规则讲解
组合技术	传、接、运、射的四元组合练习	综合练习，可配合简单对抗

小学五年级		
技术、技巧	内容	备注
球性	脚背正面、大腿、前额等多部位颠球练习	—
踢球	脚背外侧踢球	原地练习
接球	脚背外侧、大腿接空中球	左、右脚练习
头顶球	正面头顶球	原地练习
守门员技术	接低平球、半高球	原地练习
组合技术	简单对抗下的多元组合技术练习	综合练习，可增加运射组合内容

小学六年级		
技术、技巧	内容	备注
球性	多部位连续颠球	—
头顶球	跳起头顶球	原地练习至助跑练习
接球	挺胸式胸部接球	原地练习
守门员技术	接高空球、扑接球、击球	简单练习，可配合规则讲解
组合技术	对抗下的多元组合技术练习	综合练习，结合实战

第二部分

教学课程进度（水平一）

一、第一学期教学课程进度

课序	主题	内容	性质
1	规则类	更多的信号识别，可做模仿行进和接力	游戏
2	合作类	合作和介绍类游戏，任务简单，团队完成	游戏
3	抛接球和躲闪	双手抛接和躲闪、更多的教师主导练习	技术
4	比赛	更多的身体接触，有无器材均可；要有"队友""对手""场地大小"等概念	对抗
5	跳跃和平衡	可结合有球练习	技术
6	合作类	小组合作，有无器材均可；要有"场地大小"的概念	游戏
7	奔跑和停止	可结合有球练习，有信号或任务指引的启动和停止	技术
8	比赛	更多的身体接触，有无器材均可；要有"队友""对手""场地大小"等概念	对抗
9	合作类	小组合作，可尝试有球练习	游戏

续表

课序	主题	内容	性质
10	变向跑动	信号或标志指引、更多的跑动方向改变	技术
11	比赛	更多的身体接触，有无器材均可；要有"队友""对手""场地大小"等概念	对抗
12	合作类	小组合作，可尝试有球练习	游戏
13	室内课	内容自定，与足球运动相关，还可包括合作、沟通、观察判断等内容，形式多样	室内
14	室内课	内容自定，与足球运动相关，还可包括合作、沟通、观察判断等内容，形式多样	室内
15	室内课	内容自定，与足球运动相关，还可包括合作、沟通、观察判断等内容，形式多样	室内
建议	对于一年级的学生，在设计中应更多地考虑团队合作感和"场地"概念的建立。对于足球器材的使用，想法应更加开放一些，建立"球"的概念。没必要进行传运等技术的专门练习，但可让学生用脚踢，并达到某个目标，增加对球的感觉。所以可尽量将足球用于练习中，哪怕仅仅将它作为道具		

二、第二学期教学课程进度

课序	主题	内容	性质
1	合作类	有队友、对手不同角色的合作类游戏	游戏
2	合作类	融合急停、急转、跳跃、平衡等能力的合作类游戏	游戏
3	球性练习	多部位、多频次的触球，以脚上部位为主	技术
4	比赛	有场区限制的有球小场地比赛	对抗
5	球性练习	复习、巩固上次课内容，可变换练习方式	技术
6	比赛	有场区限制的脚踢球小场地比赛	对抗

续表

课序	主题	内容	性质
7	球性练习和踢接球	近距离踢接球	技术
8	比赛	有固定球门的有球小场地比赛	对抗
9	竞速类	有球、无球均可，分组竞速	游戏
10	球性练习和踢接球	跑动中的踢球练习	技术
11	比赛	有固定球门的有球小场地比赛，可多门	对抗
12	合作类	有球合作，有对手、队友的不同角色	游戏
13	室内课	内容自定，与足球运动相关，还可包括合作、沟通、观察判断等内容，形式多样	室内
14	室内课	内容自定，与足球运动相关，还可包括合作、沟通、观察判断等内容，形式多样	室内
15	室内课	内容自定，与足球运动相关，还可包括合作、沟通、观察判断等内容，形式多样	室内
建议	对于一年级的学生，在设计中应更多地考虑团队合作感和"场地"概念的建立。对于足球器材的使用，想法应更加开放一些，建立"球"的概念。没必要进行传运等技术的专门练习，但可让学生用脚踢，并达到某个目标，增加对球的感觉。所以可尽量将足球用于练习中，哪怕仅仅将它作为道具。重在练习的组织方法而不是技术动作方法，强调要求和目标很重要，不去过多干涉学生达到某个目标采用的方法，应给予他们更多的鼓励		

三、第三学期教学课程进度

课序	主题	内容	性质
1	传递类	有道具的传递类游戏	游戏
2	竞速类	分组竞速，可加入信号判定	游戏

续表

课序	主题	内容	性质
3	球性练习	课堂内融入协调性练习、多部位触球练习	技术
4	比赛	有固定球门的踢球小场地比赛	对抗
5	球性练习和运球练习	慢速运球练习，强调脚触球的频率	技术
6	比赛	有固定球门的踢球小场地比赛	对抗
7	球性练习和踢接球	活动中近距离踢接球，有同伴或其他目标	技术
8	比赛	有固定球门的踢球小场地比赛	对抗
9	运球练习	直线运球和运动中停球，强调脚触球的频率	技术
10	比赛	强调运球的踢球小场地比赛	对抗
11	运传球练习	有目标和同伴的运传结合练习	技术
12	比赛	强调运球的踢球小场地比赛	对抗
13	合作类	加大运动距离的分组合作类游戏	游戏
14	室内课	内容自定，与足球运动相关，还可包括合作、沟通、观察判断等内容，形式多样，可提供相关视频	室内
15	室内课	内容自定，与足球运动相关，还可包括合作、沟通、观察判断等内容，形式多样，可提供相关视频	室内
建议	从本学期开始强化"脚触球"的概念，并强化目标概念的形成。在固定场区内，队友、球门及进攻方向都可成为目标，应鼓励学生向前推进。以运球练习结合球性练习，增加脚触球的机会，对近距离传接球的脚上部位提出要求并强调。在比赛课程中应长期建立"场地"观念，以培养学生的空间感；在技术练习的过程中尽量多穿插协调性练习；可将两者结合			

四、第四学期教学课程进度

课序	主题	内容	性质
1	合作类	小组合作,可设立组长角色并酌情赋权	游戏
2	合作类	具有不同分工的小组合作	游戏
3	球性练习和运球练习	直线运球,可竞速;需安排高触球频率的球性练习	技术
4	比赛	强化运球的小场地比赛	对抗
5	球性练习和运球练习	曲线运球练习,变换触球部位	技术
6	比赛	强化运球的小场地比赛	对抗
7	运传球练习	曲线运球结合传球练习	技术
8	比赛	多球门的小场地比赛	对抗
9	运传球练习	变换运球路线结合传球练习	技术
10	比赛	攻守中间门的小场地比赛	对抗
11	运传球练习	变换运球路线结合传球练习	技术
12	比赛	五人制或六人制小场地比赛	对抗
13	比赛	五人制或六人制小场地比赛	对抗
14	室内课	内容自定,与足球运动相关,可选择简单、规范地讲解足球礼仪等内容,形式多样,可提供相关视频	室内
15	室内课	内容自定,与足球运动相关,可选择简单、规范地讲解足球礼仪等内容,形式多样,可提供相关视频	室内
建议	在技术练习中强调传球的结合,并结合协调性练习,以及启动、停转等基本素质练习,强调在运动中完成。曲线运球练习重点在于脚内、外侧触球的变化,可用哨声或标志盘颜色指引完成不同要求。对抗练习应呼应技术练习,必要时与技术练习课程提出的要求保持一致。改变球门位置及得分方式可达到运球得分、踢球得分等目的。在室内课上如讲解过部分规则,那么在比赛课程上应予以体现		

第三部分

教学课时分配计划

水平一	游戏课程	技术课程	比赛对抗课程	理论课程	合计	备注
第一学期	5	4	3	3	15	
第二学期	4	4	4	3	15	
第三学期	3	5	5	2	15	
第四学期	2	5	6	2	15	
总计	14	18	18	10	60	

第一学期：技术课程以抛、接、躲闪、跳跃、平衡等身体协调性练习为主；对抗课程可以手传球（平衡球、网球、橄榄球、足球），也可无球；理论课程以故事讲述及观看视频为主。

第二学期：技术课程以球性练习及协调性练习为主，加入脚内侧传接球；对抗课程可以手传球或无球为主，也可适当加入限制要求；理论课同第一学期。

第三学期：技术课程以球性练习、脚内侧传接球、协调性练习为主，加入脚运球；对抗课程可加入踢球；理论课程可加入青少年比赛欣赏。

第四学期：技术课程以球性练习、协调性练习、脚内侧传接球及运球为主；对抗课程可以踢球为主，也可适当加入限制要求；理论课程可涉及足球礼仪及团队知识。

所有游戏课程均以无球技术中奔跑、急停、急转，以及信号指令、颜色辨别、场地区域功能划分等信息处理相关内容为主，加以合作、对立、赋权等角色识别。

第 四 部 分

第一学期教学实例

一

教学主题： 游戏类 遵守口令与规则	教学目的：通过练习设计及难度变量提高学生的灵敏、协调、速度能力，初步对学生渗透规则意识。	时长
课次： 第一学期第一次	教学任务：以游戏的形式使学生逐步形成"足球"的概念，手脚交替配合运球，提高他们对足球运动的兴趣。	40分钟

器材					号衣	◐	○	◑	●
数量	0	0	0	20	数量	0	0	0	0

器材	⚽	▼	▲	◯	┅┅▶	⟶	～～
数量	4	0	0	4	球员跑动路线	传球路线	运球路线

部分	教学任务与要素	场地布置与安排
准备部分	**热身活动** **目标：** 提高学生的反应能力及规则意识。 **方法：** 1.在场地中间画两条平行线，间隔2米；在两条平行线两侧10米处放置标志物作为终点线。 2.将学生平均分成两组，分别站在两条线后，两两相对；每队有指定名称。 3.听教师口令。喊出哪一组，对应的这组学生即为逃跑方；另一组则为追逐方。 4.逃跑方顺利跑过终点线即为获胜，追逐方在终点线前触碰到对方即为获胜。 **要求：** 听到口令后再行动。 **难度与变量：** 可让学生背对背进行，也可采用盘腿坐、伸腿坐、仰卧等形式，以增加游戏难度。 **注意事项：** 在追逐游戏中限制学生用指尖触碰他人，学生在追跑的过程中要跑直线。	图示： | 学生人数	练习时长	场地范围
40人	15分钟	20米×20米 | **练习执行过程要点提示：** 1.为了增加一些趣味性，可更换口令方式。 2.注意观察场上学生的行为。 3.积极教学，不断激励学生。

续表

部分	教学任务与要素	场地布置与安排
基本部分	**技术技巧、协调性或对抗练习** **目标：** 提高学生的灵敏、协调、速度等能力，激发学生对足球的兴趣。 **方法：** 1.在场地内设置4个起点，间隔15米对应设置4个折返点。 2.将学生平均分成4组，站在4个起点后；每组排头手持一球。 3.教师发令后，每组第一名学生跑到旗杆位置，绕旗杆一周后继续跑到圆圈位置，将球放入圆圈，跑回队伍与第二名学生击掌交接。 4.第二名学生绕旗杆后将球拿回与第三名学生交接，依次循环进行，直至最后一名学生结束。 **要求：** 听清教师口令，不得抢跑。 **难度与变量：** 1.可将手运球改为脚运球。 2.在前进路线中增加一名对手，做"石头、剪刀、布"的动作。输一局者需原地绕对手一圈，胜利者则继续前进。 **注意事项：** 跑动的过程中要直线进行，不得窜道，注意安全。	图示： | 学生人数	练习时长	场地范围
40人分4组	15分钟	20米×20米 | **练习执行过程要点提示：** 1.为了增加一些趣味性，可更换口令方式。 2.在练习的过程中渗透灵敏、协调、变向的方法，强调重心的重要性。 3.注意观察场上学生的行为。 4.积极教学，不断激励学生。

续表

部分	教学任务与要素	场地布置与安排		
结束部分	**整理放松与分享引导** **目标：** 进行放松活动并做小结。 **方法：** 深呼吸10次，拍打大、小腿肌肉，进行下肢静力压伸。 **要求：** 散点站位，保持安静。	学生人数	练习时长	场地范围
^	^	40人	10分钟	散点站位
^	^	**分享与引导：** 在练习的过程中培养学生拓展的能力和自主开发游戏的能力，强调规则的重要性。		

二

教学主题： 游戏类 增进合作	教学目的：通过简单的游戏提高学生的灵敏、协调、速度等能力，合理运用规则促进学生团队意识的形成。	时长
课次： 第一学期第二次	教学任务：通过游戏的形式逐步提高学生的团队意识，通过游戏引入提高学生对足球的兴趣。	40分钟

器材					号衣	○	○	●	●
数量	0	0	0	0	数量	0	4	0	0
器材						- - ->	——>	∿∿>	
数量	0	0	0	0		球员跑动路线	传球路线	运球路线	

部分	教学任务与要素	场地布置与安排
准备部分	**热身活动** **目标：** 增强学生两人合作的能力、身体协调性及判断力。 **方法：** 1.将所有学生分成两人一组，两人手拉手。 2.选出两个抓捕者，抓捕者单人行动。 3.被抓捕到的小组原地坐下待命。 4.直到被其他小组触碰到，被抓捕到的小组才可以起身继续进行逃跑。 **要求：** 1.游戏未结束，被抓捕到的小组不得离开原地。 2.被抓捕到的小组不得阻止抓捕者继续进行游戏。 **难度与变量：** 1.可增加抓捕者的数量。 2.教师也可加入游戏进行抓捕。 **注意事项：** 在追逐游戏中不得用力拍打或拉扯对方，触碰到即为抓捕成功。两人手拉手，不要随意分开。	图示： （图片） | 学生人数	练习时长	场地范围 | |---|---|---| | 40人 | 15分钟 | 20米×20米 | **练习执行过程要点提示：** 1.为了增加一些趣味性，可更换口令方式。 2.注意观察场上学生的行为。 3.积极教学，不断激励学生。

续表

部分	教学任务与要素	场地布置与安排
基本部分	**技术技巧、协调性或对抗练习** **目标：** 培养学生的团队精神和团队合作能力。 **方法：** 1.在场地内设置4个起点，间隔15米对应设置4个折返点。 2.将学生平均分成4组，每组学生手拉手围成圆圈；每个圆圈中间各放一球。 3.4个组在教师哨响后，保持圆圈形状一起将球运向折返点，到达折返点后返回。 4.最终完成最快的组获胜。 **要求：** 1.行进的过程中要始终保持圆圈形状，手不能分开。 2.行进的过程中球如果出去，将它捡回后从失误处重新开始。 **难度与变量：** 可增加球的数量。 **注意事项：** 保证场地平整而无杂物，学生在行进的过程中不能完全背身跑动。	图示： | 学生人数	练习时长	场地范围
40人分4组	15分钟	20米×20米 | **练习执行过程要点提示：** 1.在练习的过程中渗透灵敏、协调、合作的方法，强调重心的重要性。 2.注意观察场上学生的行为。 3.积极教学，不断激励学生。

续表

部分	教学任务与要素	场地布置与安排		
结束部分	**整理放松与分享引导** **目标：** 进行放松活动并做小结。 **方法：** 深呼吸10次，拍打大、小腿肌肉，进行下肢静力压伸。 **要求：** 散点站位，保持安静。	学生人数	练习时长	场地范围
^^	^^	40人	10分钟	散点站位
^^	^^	**分享与引导：** 在练习的过程中培养学生拓展的能力和自主开发游戏的能力，强调规则的重要性。		

三

教学主题： 技术类 抛接与躲闪	教学目的：在练习的过程中使学生初步了解抛接球的动作方法，在抛接球的过程中体会空间的重要性。	时长
课次： 第一学期第三次	教学任务：在练习的过程中培养学生的观察和反应能力。	40分钟

器材	▬	▭	⚖	⚑	号衣	○	○	●	●
数量	0	0	0	0	数量	0	20	0	20
器材	⚽	▲	▲	◯	---→	→	～～	
数量	40	0	40	0	球员跑动路线	传球路线	运球路线	

部分	教学任务与要素	场地布置与安排
准备部分	**热身活动** **目标：** 通过练习，学生可掌握双手抛接球的动作方法，培养学生的观察和反应能力。 **方法：** 1.在场地内将学生平均分成两大组，穿不同颜色的号衣。 2.以两人一组将穿不同颜色的号衣的学生分成若干组。每组一球，组与组之间保持距离。 3.开始后，学生两人一组开始做抛接球练习，并随教师口令做各种方向或方式的传球练习。 **要求：** 用双手抛接球，与队友保持一定距离。 **难度与变量：** 1.抛球队员固定不动，接球队员跑动接球，回传后再接其他抛球队员抛来的球。 2.抛球队员固定，跑动接球。	图示： | 学生人数	练习时长	场地范围
40人	10分钟	20米×20米 | **练习执行过程要点提示：** 1.观察学生的跑动路线；提示学生注意观察，躲避其他跑动的学生。 2.在练习中注意多变向，多做传接球。 3.提示学生注意安全。

续表

部分	教学任务与要素	场地布置与安排
基本部分	**技术技巧、协调性或对抗练习** **目标：** 使学生在传接球的过程中观察同伴及对方队员的位置，对空间感有初步的了解。 **方法：** 1.在场地内设置四个一样大的区域；将学生平均分成两大组，每组五人，穿不同颜色的号衣。 2.每个区域内有两个穿不同颜色的号衣的学生，每组一球。 3.活动开始后，四个区域内各组同时进行传接球。 4.各组只在本队队友中进行传接球。 5.区域内的学生进行跑动抛接球，次数多的组胜利。 **要求：** 充分利用场地，每次传球需要更换不同的同伴，且保证球不落地。 **难度与变量：** 1.每组增加一个球，用两个球进行练习。 2.加入一组防守队员，在对抗中进行抛接球。 **注意事项：** 1.防守队员只能用手进行防守，不能有身体接触。 2.如球出界，由教师重新发球开始。	图示： | 学生人数	练习时长	场地范围
40人分4组	20分钟	20米×20米 | **练习执行过程要点提示：** 1.提示学生充分利用场地，建立空间感。 2.观察学生练习中出现的问题，及时进行示范。

部分	教学任务与要素	场地布置与安排		
结束部分	**整理放松与分享引导** **目标：** 进行放松活动并做小结。 **方法：** 进行伸拉练习。 **要求：** 散点站位，保持安静。	学生人数	练习时长	场地范围
^^	^^	40人	10分钟	近距离散点站位
^^	^^	**分享与引导：** 在练习的过程中提示学生充分利用场地，抬头观察并寻找队友。		

四

教学主题： 对抗类 团队合作	教学目的：通过不断变换难度的对抗传球的学习，引导学生意识到团队的重要性。	时长
课次： 第一学期第四次	教学任务：在跑动的基础上传球。通过学习，强调传球的重要性。	40分钟

器材					号衣	○	○	●	●
数量	0	0	0	0	数量	0	0	0	0
器材					球员跑动路线		传球路线	运球路线
数量	20	0	20	0	球员跑动路线		传球路线	运球路线

部分	教学任务与要素	场地布置与安排
准备部分	**热身活动** **目标：** 通过"抓人"小游戏培养学生的躲闪能力及观察目标的能力。 **方法：** 1.在场地内设置区域，在学生中选出一人作为抓捕人。 2.其余的学生在区域内随意跑动，躲避抓捕人。 3.抓捕人在区域内跑动并触碰其他人，被触碰到者即被淘汰。 4.在规定时间内，观察并记录被淘汰人数。 **要求：** 1.抓捕的过程中只可用手指尖触碰肩膀。 2.被抓到的学生要及时停下来。 3.在规定的范围内跑动。 **难度与变量：** 抓捕人的数量由少到多。想不被抓捕到，要观察到多方面。 **注意事项：** 跑动时要注意安全。	图示： | 学生人数	练习时长	场地范围
40人	10分钟	15米×20米 | **练习执行过程要点提示：** 1.注意观察场上学生的行为。 2.提醒学生保持正确的动作。 3.及时鼓励学生。

续表

部分	教学任务与要素	场地布置与安排
基本部分	**技术技巧、协调性或对抗练习** **目标：** 让学生知道团队合作的重要性，互相跑位，摆脱对手。 **方法：** 1.将所有学生分成三至四人一组，其中两人为进攻者，另外一至两人为防守者。 2.在区域内，进攻者用手进行传接球，防守者在传球路线上进行拦截。若拦截成功，攻、防双方互换。 **难度与变量：** 传球到位，跑动到位。 **注意事项：** 1.用手传球，不得用脚。 2.要多传球，减少抱球跑的次数。 3.防守者不得从进攻者手里直接抢球，只能从传球路线上进行拦截。	图示： | 学生人数	练习时长	场地范围
40人	20分钟	15米×20米 | **练习执行过程要点提示：** 1.指令性教学完全按照练习要求完成。 2.学生能否很好地观察对手的位置。 3.学生能否利用空间，并很好地绕开对手。 4.教学中遇到问题，随时提问。

续表

部分	教学任务与要素	场地布置与安排		
结束部分	**整理放松与分享引导** **目标：** 进行放松活动并做小结。 **方法：** 1. 深呼吸练习。 2. 放松全身肌肉练习。 **要求：** 散点站位，保持安静。	学生人数	练习时长	场地范围
		40人	10分钟	规定的范围内
		分享与引导： 教师引导学生学会观察，以便掌握与对手之间的距离。		

五

教学主题： 技术类 跳跃与平衡	教学目的：通过练习，增强学生腿部的力量及对身体的控制能力。	时长
课次： 第一学期第五次	教学任务：让学生在熟悉球性后逐步体验对抗，提高对球的控制能力。	40分钟

器材	▬	▭	⊥	⌐	号衣	●	○	●	●
数量	2	2	8	0	数量	20	0	0	20
器材	⚽	▲	▲	○	→		→		～
数量	20	0	0	32	球员跑动路线		传球路线		运球路线

部分	教学任务与要素	场地布置与安排
准备部分	**热身活动** **目标：** 通过练习增强学生的跳跃、平衡能力。 **方法：** 1.在场地内摆放4组小栏架和小圆圈，进行组合跳跃练习。将学生平均分成4组，站在起点后面。 2.学生从起点后面出发，双脚跳过小栏架，随后做单脚侧跨平衡跳，最后跑到球前双脚交替踩球20次后跑回原点。前一名学生跳完小圆圈，下一名学生出发，依次进行。 **要求：** 落地要轻而稳，连接下一个练习。慢跑即可，单脚落地要平稳，停留3秒钟。 **难度与变量：** 可改变跳跃的方式和球性练习的方式，例如踩球、拨球、射门等；由慢跑变成快跑。 **注意事项：** 跳跃时双脚尽量落到圈内和每组两个小栏架之间。做完练习慢跑从场地两侧回到队伍中，不影响其他学生。	图示： | 学生人数	练习时长	场地范围
40人	10分钟	20米×20米 | **练习执行过程要点提示：** 1.提示学生注意练习的过程中节奏的变化。 2.引导学生多思考如何在双脚落地时保持平稳，提问并引导学生回答、练习。 3.提示学生注意安全。

续表

部分	教学任务与要素	场地布置与安排
基本部分	**技术技巧、协调性或对抗练习** **目标：** 让学生初步体验一对一比赛，使他们正确对待竞争，并培养他们的规则意识。 **方法：** 1.在场地内划出两个15米×15米的区域，在每个区域相对的边线内各放置一个球门，在每个球门各自的朝向的同一个侧面各放置一个绳梯。 2.将学生平均分成两组，分别在两个区域内；再将每组学生分成两组，分别站在场地两侧的绳梯旁。 3.练习开始后，两侧的学生完成绳梯练习。先到场地的学生会得到球权进攻，后到的学生则防守，两人在场地内进行一对一比赛。 4.进攻者将球射进门得分，防守者防守成功得分。 **要求：** 1.分利用场地，听教师口令出发，不得抢跑。 2.球出界不得分。 **难度与变量：** 逐渐增加绳梯动作的难度。 **注意事项：** 1.不得抢跑。 2.防守队员不得犯规。 3.每次做完练习的学生要自行捡球回到队尾。	图示： 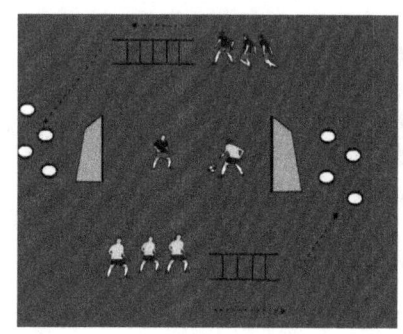 | 学生人数	练习时长	场地范围 | |---|---|---| | 40人 | 20分钟 | 20米×20米 | **练习执行过程要点提示：** 1.提示学生充分利用场地，建立空间感。 2.观察学生练习中出现的问题，及时进行示范。 3.提示学生在充分认识灵敏跳跃练习后出发进行对抗。 4.及时鼓励学生，使他们建立一定的自信心。

续表

部分	教学任务与要素	场地布置与安排		
结束部分	**整理放松与分享引导** **目标：** 进行放松活动并做小结。 **方法：** 进行伸拉练习。 **要求：** 散点站位，保持安静。	学生人数	练习时长	场地范围
^	^	40人	10分钟	近距离散点站位
^	^	**分享与引导：** 低年级阶段学生不会做得很好，需要教师多引导并鼓励；教师在灵敏、协调、跳跃练习中多分解示范、教授。		

六

教学主题： 游戏类 合作	教学目的：形成学生的空间感，通过游戏的形式逐步提高其团队意识。	时长
课次： 第一学期第六次	教学任务：逐步引导学生提高用身体部位控制球的能力，提高学生对足球的兴趣。	40分钟

器材	▭	▥	⊥	⚑	号衣	○	○	●	●
数量	4	0	0	0	数量	0	0	0	0
器材	⚽	♦	▲	◯	⇢		→		〜
数量	2	0	0	0	球员跑动路线		传球路线		运球路线

部分	教学任务与要素	场地布置与安排
准备部分	**热身活动** **目标：** 让学生建立空间感，培养学生的模仿能力。 **方法：** 1.设置一定的练习区域，让所有学生在区域内随意跑动，跑动中与他人保持一定距离。 2.当教师叫停时，每人将双臂抬平，没有触碰到别人即为成功。 3.学生在跑动中听到教师哨声时需寻找一名同伴做双手击掌动作。 4.学生在跑动中听到教师掌声时需做出跳跃动作。 **要求：** 在跑动的过程中尽量利用场地区域的所有空间，与同伴保持距离，增强空间感。 **难度与变量：** 1.变换每组的形式。 2.增加趣味比赛和游戏。 **注意事项：** 可变换每组练习的时间，并在组间做伸拉练习。	图示： | 学生人数	练习时长	场地范围
40人	10分钟	20米×20米 | **练习执行过程要点提示：** 1.提示学生充分利用场地。 2.为了增加一些趣味性，可更换口令方式。 3.注意观察场上学生的行为。 4.积极教学，不断激励学生。

续表

部分	教学任务与要素	场地布置与安排
基本部分	**技术技巧、协调性或对抗练习** **目标：** 增强学生之间的沟通，引导学生形成团队配合的习惯。 **方法：** 1.在靠近区域内的四个角处分别放置四个小球门。 2.将学生平均分成两队，分别穿不同颜色的号衣；每队两人一组，并手拉手。 3.在场地内进行牵手球赛，每队有两个球门，规则与常规比赛相同。 4.在规定时间内，进球得分多的队获胜。 **要求：** 1.比赛全程中不能与同伴松开手，一旦松开，球权归对方。 2.利用场地的每一个角落，充分发挥团队的力量，做好合作。 **难度与变量：** 场地和球门的大小可变化。 **注意事项：** 1.在练习的过程中要兼顾同伴的跑动速度。 2.两人手拉手，不要随意分开。	图示： | 学生人数	练习时长	场地范围
40人分2组	20分钟	20米×20米 | **练习执行过程要点提示：** 1.提示学生充分利用场地。 2.可增加小型讨论，让学生自主设计战略。 3.为了增加一些趣味性，可更换口令方式。 4.注意观察场上学生的行为。 5.积极教学，不断激励学生。

续表

部分	教学任务与要素	场地布置与安排			
结束部分	**整理放松与分享引导** **目标：** 进行放松活动并做小结。 **方法：** 深呼吸10次，拍打大、小腿肌肉，进行下肢静力压伸。 **要求：** 散点站位，保持安静。	学生人数	练习时长	场地范围	
		40人分2组	10分钟	散点站位	
		分享与引导： 在练习的过程中培养学生的拓展能力和自主开发游戏的能力，强调规则的重要性。			

七

教学主题： 技术类 奔跑与停止	教学目的：通过练习和练习中的引导，培养学生的空间感，提高学生的奔跑能力。	时长
课次： 第一学期第七次	教学任务：使学生在快速跑动中提高急停、急转、快速观察的能力，形成空间感。	40分钟

器材	▬	▭	⚖	⚑	号衣	●	○	●	●
数量	0	0	0	0	数量	20	20	0	0
器材	⚽	▲	▲	◯	┄→		→		〜
数量	0	0	40	0	球员跑动路线		传球路线		运球路线

部分	教学任务与要素	场地布置与安排
准备部分	**热身活动** **目标：** 通过练习，培养学生急停、急转、快速观察的能力，形成空间感。 **方法：** 1.在场地内均匀摆放与人数相等数量的一半正面朝上、一半反面朝上的标志盘。将学生平均分成两组。 2.一组的任务是把区域内所有的标志盘反面朝上，二组的任务是把区域内所有的标志盘正面朝上。 3.两组同时开始，在规定时间内尽量多次地翻转标志物。结束后师生一起点算个数。 4.完成数量多的组获胜。 **要求：** 只可用手翻转标志物，结束哨声响起后，不得再触碰标志物。 **难度与变量：** 1.改变跑动方式，例如采用跳跃、单脚、爬行进行练习。 2.每人控制一个球。 3.翻转自己队伍的标志物的同时可翻转对方的标志物，阻止对方成功。 **注意事项：** 在起跑、停止时注意安全，观察人与人之间的安全距离。	图示： 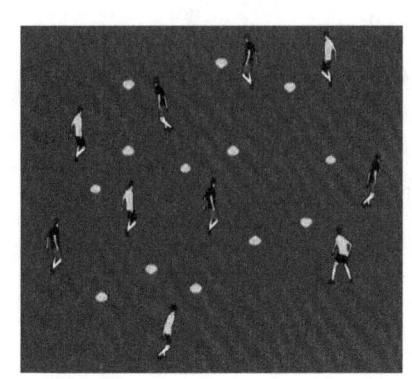 | 学生人数 | 练习时长 | 场地范围 | |---|---|---| | 40人分2组 | 10分钟 | 20米×20米 | **练习执行过程要点提示：** 1.提示在练习过程中的起跑、加速、减速。 2.引导学生多思考怎样在移动的同时更快地翻转标志物，提示他们多采用屈曲膝盖、小碎步等方式。 3.提示学生开动脑筋，观察做得好的学生。 4.提示学生注意安全。

续表

部分	教学任务与要素	场地布置与安排
基本部分	**技术技巧、协调性或对抗练习** **目标：** 在游戏的环节中培养学生运球时抬头观察的好习惯。 **方法：** 1.在场地内任意摆放10个小球门。 2.学生每人一球，在此范围内任意运球，尽可能多地穿越小球门。 **要求：** 1.在一定时间内尽量多次地穿越小球门。 2.每个小球门每次只能有一人穿越。 **难度与变量：** 1.缩小球门或减少球门的数量。 2.将其中一名或两名学生变成防守者，采用游戏或比赛的形式。 3.球出界后不能被再次加入场地，直到决出最后一名优胜者。 **注意事项：** 注意安全，防守者不能有身体接触。	图示： | 学生人数	练习时长	场地范围
40人分4组	20分钟	20米×20米 | **练习执行过程要点提示：** 1.提示学生充分利用场地，建立空间感。 2.观察学生练习中出现的问题，及时进行示范。

续表

部分	教学任务与要素	场地布置与安排			
结束部分	**整理放松与分享引导** **目标：** 进行放松活动并做小结。 **方法：** 进行伸拉练习。 **要求：** 散点站位，保持安静。	学生人数	练习时长		场地范围
^	^	40人	10分钟		近距离散点站位
^	^	**分享与引导：** 引导学生在做运球练习时不断寻找下一个目标，与比赛结合。			

八

教学主题： 对抗类 对抗与合作	教学目的：通过不断变换难度的对抗传球的学习，引导学生意识到团队的重要性。	时长
课次： 第一学期第八次	教学任务：在跑动的基础上传球，强调传球跑位的重要性。	40分钟

器材	▬	⧘⧘⧘	⚏	⚑	号衣	●	○	●	●
数量	0	0	0	0	数量	0	0	0	0
器材	⚽	▼	▲	⬭	⇢		→		〜
数量	10	0	40	0	球员跑动路线		传球路线		运球路线

部分	教学任务与要素	场地布置与安排
准备部分	**热身活动** **目标：** 通过小游戏"大鱼网"培养学生的协调配合能力及观察目标的能力。 **方法：** 1.在场地内设置规定区域，选出两名学生，手牵手形成"鱼网"。 2.其余的学生在区域内跑动，躲避"鱼网"的捕捉。 3.被"鱼网"触碰到的学生加入"鱼网"，逐渐扩大"鱼网"的规模。 **要求：** 1."鱼网"不能用手抓牢他人，触碰到即可。 2.被抓到的学生要及时停下来加入"鱼网"。 3.在规定的范围内跑动。 **难度与变量：** "捕鱼人"的数量由少到多，想不被抓到，要观察到多方面。 **注意事项：** 跑动时要注意安全。	图示： | 学生人数	练习时长	场地范围
40人分4组	10分钟	15米×20米 | **练习执行过程要点提示：** 1.注意观察场上学生的行为。 2.提醒学生保持正确的动作。 3.及时鼓励学生。

续表

部分	教学任务与要素	场地布置与安排
基本部分	**技术技巧、协调性或对抗练习** **目标：** 增强学生相互合作的能力及躲闪反应能力。 **方法：** 1.在场地内设置多个5米×5米的小正方形，每个正方形内放一个球。 2.将学生分成4人一组，分别站在正方形内；每组中1人为躲避者，其余的3人为进攻者。 3.练习开始后，进攻者在区域内传接球。手中的球触碰到躲避者视为得分。 4.手中持球的进攻者脚下不能动；无球人通过跑动接应，靠近躲避者。 5.在规定时间内，躲避者被触碰到次数多为进攻获胜，被触碰到次数少为防守成功。 **难度与变量：** 可根据场地大小的变化和人数的增多或减少改变难易程度。 **注意事项：** 1.保证场地平整，无杂物。 2.在练习的过程中只能用手传接球。 3.不可采用砸的方式触碰躲避者，只能用球轻碰。	图示： | 学生人数	练习时长	场地范围
40人	20分钟	15米×20米 | **练习执行过程要点提示：** 1.指令性教学完全按照练习要求完成。 2.学生能否很好地观察对手的位置。 3.学生能否利用空间，并很好地绕开对手。 4.教学中遇到问题，随时提问。

续表

部分	教学任务与要素	场地布置与安排		
结束部分	**整理放松与分享引导** **目标：** 进行放松活动并做小结。 **方法：** 1. 深呼吸练习。 2. 放松全身肌肉练习。 **要求：** 散点站位，保持安静。	学生人数	练习时长	场地范围
		36人	10分钟	规定的范围内
		分享与引导： 教师引导学生学会观察，以便掌握与对手之间的距离。		

九

教学主题： 游戏类 合作（三）	教学目的：通过练习，培养学生观察、奔跑和变向跑的能力。	时长
课次： 第一学期第九次	教学任务：通过游戏，增强学生的合作能力，共同完成游戏中的传接球练习。	40分钟

器材					号衣				
数量	0	0	0	0	数量	0	0	0	0
器材						----▶	⟶	∿	
数量	20	0	0	0		球员跑动路线	传球路线	运球路线	

部分	教学任务与要素	场地布置与安排		
准备部分	**热身活动** **目标：** 达到一定的热身效果，培养学生的判断力、路线选择能力及敏捷性。 **方法：** 1.在场地内设置一定的区域。将学生分成两人一组，使他们成为对手。 2.用猜拳的方式确定谁扮"猎手"，胜者逃跑，败者扮"猎手"。用大约1分钟的时间决胜负。 3.在规定时间内被抓到者被判为"失败"，同时交换角色。 4.对于没抓到者，则给予一些简单的惩罚。 **要求：** 在跑动的过程中尽量利用场地区域的所有空间，要与同伴保持一定的距离。 **难度与变量：** 1.可改变场地的大小和时间的长短。 2.每组交换时，以胜者与胜者一组、败者与败者一组的方式重新分组。 **注意事项：** 利用每组变换练习时间和间隔时间做伸拉练习。	图示： |		
		学生人数	练习时长	场地范围
		40人分2组	15分钟	20米×20米
		练习执行过程要点提示： 1.提示学生充分利用场地。 2.为了增加一些趣味性，可更换口令方式。 3.注意观察场上学生的行为。 4.积极教学，不断激励学生。		

续表

部分	教学任务与要素	场地布置与安排
基本部分	**技术技巧、协调性或对抗练习** **目标：** 培养学生的间接视野、对足球的感觉及用余光进行观察的能力。 **方法：** 1.在规定区域内将学生分成两人一组，每人持有一球。 2.每组两人面对面站立，如图所示。 3.练习开始后，一人将球向上抛起，球在空中的同时，另一人用脚向抛球者进行短传球，抛球者接球之后立即回传。 4.抛球者在回传之后接住下落的球。 5.多次练习后，两人交换角色。 **要求：** 1.抛接球者尽量不让球落地，在球落地前将它接住。 2.注意短传球的质量。 **难度与变量：** 1.调整双方之间的距离。 2.可将短传球改为用手进行，以调整游戏难度。 **注意事项：** 不要求脚传球的部位，只要是合理部位即可。	图示： | 学生人数	练习时长	场地范围
40人分2组	15分钟	20米×20米 | **练习执行过程要点提示：** 1.为了增加一些趣味性，可更换口令方式。 2.注意观察场上学生的行为。 3.积极教学，不断激励学生。

续表

部分	教学任务与要素	场地布置与安排		
结束部分	**整理放松与分享引导** **目标：** 进行放松活动并做小结。 **方法：** 深呼吸10次，拍打大、小腿肌肉，进行下肢静力压伸。 **要求：** 散点站位，保持安静。	学生人数	练习时长	场地范围
		40人分2组	10分钟	散点站位
		分享与引导： 在练习的过程中培养学生拓展的能力和自主开发游戏的能力，强调规则的重要性。		

十

教学主题： 技术类 变向跑动	教学目的：通过练习提高学生的灵敏、协调、速度等能力。	时长
课次： 第一学期第十次	教学任务：在练习的过程中强调规则意识，培养学生在跑动中接球的能力，使他们在练习中逐步加强这种能力。	40分钟

器材					号衣	◉	○	◉	●
数量	0	4	0	0	数量	10	10	10	10
器材					----▶	───▶	∼∼∼▶		
数量	10	16	4	0	球员跑动路线	传球路线	运球路线		

部分	教学任务与要素	场地布置与安排
准备部分	**热身活动** **目标：** 通过练习提高学生各种奔跑的能力。 **方法：** 1.在区域内放置标志桶，如图所示。 2.将学生平均分成两组。 3.教师发令后，两组同时直线跑动，跑动路线如图所示，绕过最后一个标志桶后跑向教师位置。同时教师抛出球，学生快速接住反弹球。 **要求：** 1.用双手接球。变向启动跑要快，重心要低。 2.需要用双脚绕过每一个标志桶外侧通过。 **难度与变量：** 1.改变跑动路线，增加侧滑步和交叉步。 2.教师抛出高球，学生用脚将球停好。 **注意事项：** 在后面排队的学生要认真观看前面学生的练习。	**图示：** | 学生人数	练习时长	场地范围
40人分2组	10分钟	20米×20米 | **练习执行过程要点提示：** 1.变向跑动时重心要低，要用力蹬地。 2.要用小碎步绕过标志桶；尽量靠近标志桶，以更快地完成练习。 3.提示学生注意安全。

续表

部分	教学任务与要素	场地布置与安排
基本部分	**技术技巧、协调性或对抗练习** **目标：** 提高学生的脚下动作频率及快速运球的能力。 **方法：** 1.在场地内等距离摆放4个绳梯，绳梯顶端放一个球，在间隔6米对应绳梯处设置4个折返点。 2.将学生平均分成4组，分别站在绳梯起点后。 3.学生完成绳梯练习后直线运球到折返点，绕过标志物返回运球的起始位置，再将球踩放到原地，直线跑回队伍。前一名学生将球放回原地时，下一名学生出发。 4.依次循环练习。 **要求：** 1.脚下动作频率要快，尽量不碰绳梯。 2.运球速度要快，尽量踩球到指定区域。 **难度与变量：** 1.改变绳梯动作难度。 2.把标志物更换成防守队员，由消极防守变成积极防守。 **注意事项：** 队首的学生进行练习时，其他学生要注意力集中，不能干扰练习的学生。	图示： | 学生人数	练习时长	场地范围
40人分4组	20分钟	20米×20米 | **练习执行过程要点提示：** 1.提示学生充分利用场地，建立空间感。 2.观察学生练习中出现的问题，及时进行示范。

续表

部分	教学任务与要素	场地布置与安排		
结束部分	**整理放松与分享引导** **目标：** 进行放松活动并做小结。 **方法：** 进行伸拉练习。 **要求：** 散点站位，保持安静。	学生人数	练习时长	场地范围
^	^	40人	10分钟	近距离散点站位
^	^	**分享与引导：** 在低年级教学中，跑与运球之间的衔接对于学生是有一定难度的，因而在练习的过程中应由慢到快。及时提示学生抬头观察球的位置，以及触球的一瞬间的停止和反应动作。		

十一

教学主题： 对抗类 对抗与合作	教学目的：通过不断变换难度的对抗传球的学习，引导学生意识到团队的重要性。	时长
课次： 第一学期第十一次	教学任务：在跑动的基础上传球，强调传球的重要性。	40分钟

器材					号衣				
数量	0	0	0	0	数量	0	0	0	0
器材								
数量	30	0	40	0	球员跑动路线		传球路线	运球路线	

部分	教学任务与要素	场地布置与安排
准备部分	**热身活动** **目标：** 通过传球小游戏培养学生观察的能力及准确传球的能力。 **方法：** 1.在场地内设置4个10米×10米的正方形。将学生平均分成4队，分别站在4个正方形内。每队两球。 2.将每队分成人数均等的两组：一组站在正方形内，为躲避者；一组站在正方形边线上，为进攻者。 3.游戏开始后，进攻者通过相互传接球，找到时机，用球砸中场内人的脚。 4.被砸中者将被淘汰。躲避者若在球落地前接住球，则有一次救同伴的机会。 5.进攻者可在边线上改变位置，但不可进入正方形。 **要求：** 1.在规定的场地内进行游戏。 2.只能用手传接球，不能用脚。 3.只能用球砸对方膝关节以下部位，不能大力砸其他部位。 4.传球到位，跑动到位，抢球积极而不违规。 **注意事项：** 跑动时要注意安全。	图示： | 学生人数	练习时长	场地范围
40人	10分钟	15米×20米 | **练习执行过程要点提示：** 1.注意观察场上学生的行为。 2.提醒学生的动作。 3.及时鼓励学生。

续表

部分	教学任务与要素	场地布置与安排
基本部分	**技术技巧、协调性或对抗练习** **目标：** 增强学生的运球技术及抬头观察的能力。 **方法：** 1.在场地的4个角内设置4个3米×3米的安全区。 2.学生每人一球。在学生中选出3名抓捕者，其余的人为逃跑者。 3.在规定区域内，抓捕者运球进行抓捕，逃跑者可进入安全区，但每次只能一人进入安全区，每人不得连续进入同一个安全区。 4.逃跑者一旦被抓捕者触碰到，即被淘汰。 **难度与变量：** 1.可增加或减少抓捕者的数量。 2.可改变场地的大小。 **注意事项：** 1.运球时注意抬头观察。 2.抓捕和逃跑时人、球不分离。	图示： | 学生人数	练习时长	场地范围
40人分4组	20分钟	15米×20米 | **练习执行过程要点提示：** 1.学生能否很好地抬头进行观察。 2.学生能否利用空间，并很好地绕开对手。 3.教学中遇到问题，随时提问。

续表

部分	教学任务与要素	场地布置与安排		
结束部分	**整理放松与分享引导** **目标**： 进行放松活动并做小结。 **方法**： 1. 深呼吸练习。 2. 放松全身肌肉练习。 **要求**： 散点站位，保持安静。	学生人数	练习时长	场地范围
		40人	10分钟	规定的范围内
		分享与引导： 引导学生学会观察，以便掌握与对手的距离。		

十二

教学主题： 游戏类 合作（四）	教学目的：通过练习培养学生的观察能力，以及奔跑、摆脱的能力。	时长
课次： 第一学期第十二次	教学任务：通过游戏增强同伴之间的配合，完成游戏中的传接球练习。	40分钟

器材					号衣	○	○	●	●
数量	0	0	0	0	数量	0	0	0	0
器材					球员跑动路线		传球路线		运球路线
数量	20	0	40	0					

部分	教学任务与要素	场地布置与安排
准备部分	**热身活动** **目标：** 达到一定的热身效果，提高学生的运动能力及判断能力。 **方法：** 1. 在场地中间画4条平行线，将场地等分成3个区域。 2. 在每个区域内均设置负责该区域的"猎手"。 3. "猎手"只能在自己的区域里抓人。 4. 其他学生要从场地的一边出发，向另一边冲刺。 5. 在躲避"猎手"的同时突破全部区域到达终点者胜利。 **要求：** 在跑动的过程中尽量利用场地区域的所有空间；注意观察，及时变向；注重急停、急转的运用。 **难度与变量：** 1. 增加"猎手"的数量。 2. 增加逃跑的人数。 **注意事项：** 1. 利用每组变换练习时间和间隔时间做伸拉练习。 2. 注意安全，不要与同伴发生碰撞。	图示： | 学生人数	练习时长	场地范围
40人分2组	15分钟	20米×20米 | **练习执行过程要点提示：** 1. 提示学生充分利用场地。 2. 为了增加一些趣味性，可更换口令方式。 3. 注意观察场上学生的行为。 4. 积极教学，不断激励学生。

续表

部分	教学任务与要素	场地布置与安排
基本部分	**技术技巧、协调性或对抗练习** **目标：** 提高学生在移动中接球的能力。 **方法：** 1.在区域内将学生分成两人一组。 2.每组两人面对面站立，在其中一人身后2米的位置放置标志物。 3.站在标志物前的学生将来自另一人的传球传回去，完成传球后立即绕到身后的标志物处触碰并返回。 4.返回后不停地重复回传动作，每人练习10次后交换。 **要求：** 1.回传球要平稳、准确。 2.绕过标志物时速度要快，降低重心。 **难度与变量：** 1.增加两个标志物。 2.尝试使用一脚触球传球。 3.将停球与一脚传球结合。 **注意事项：** 注意安全，绕过标志物时尽量不要碰到标志物。	图示： | 学生人数	练习时长	场地范围
40人分2组	15分钟	20米×20米 | 练习执行过程要点提示： 1.为了增加一些趣味性，可更换口令方式。 2.逐步加入竞赛形式。 3.注意观察场上学生的行为。 4.积极教学，不断激励学生。

续表

部分	教学任务与要素	场地布置与安排		
结束部分	**整理放松与分享引导** **目标：** 进行放松活动并做小结。 **方法：** 深呼吸10次，拍打大、小腿肌肉，进行下肢静力压伸。 **要求：** 散点站位，保持安静。	学生人数	练习时长	场地范围
		40人分2组	10分钟	散点站位
		分享与引导： 在练习的过程中培养学生拓展的能力和自主开发游戏的能力。		

室内课程教学内容素材（一）

足球巨星梅西的励志故事

如果说明星的成名之路异常艰难，那么梅西的球星梦更是难上加难，但他还是凭借自己的努力做到了，并且成了出色的足球界的精英。下面让我们一起走进梅西的传奇人生。

早年经历

5岁时，梅西就开始为当地的格兰多里俱乐部踢球，教练是他的父亲。7岁时，这个小家伙就在纽维尔老伙计队倍受称赞。但梅西在11岁时被诊断出发育荷尔蒙缺乏，这会阻碍他的骨骼生长，而家里的经济条件难以承受小梅西的治疗费用。梅西的天赋被巴萨的雷克萨奇看中，雷克萨奇在2000年将他带到诺坎普，于是他们举家搬迁到欧洲。2000年9月，已经13岁，身高却只有140厘米的梅西去巴塞罗那试训。

在试训期间，梅西的表现征服了巴萨青年队教练。他们迫不及待地与梅西签订了一份2012年才会到期的工作合同，却忘记了国际足联的相关规定：未满20岁的球员不得与俱乐部签订5年以上的工作合同。巴塞罗那俱乐部在帮助梅西成长方面做出了巨大的努力。经过俱乐部安排的治疗，梅西在2003年身高已经达到170厘米。加泰罗尼亚人毫不犹豫地为他在俱乐部进行注册。

从侏儒症患者走向球王

现在的梅西是一个手捧金球的巨人，但有谁能想到，曾经的他差点因为侏儒症结束自己的足球生涯。与家乡罗萨里奥的其他孩子一样，梅西从小就酷爱足球运动，但也与很多家人一样，天生矮小而瘦弱。虽然一直是纽维尔老伙计队少年队中最棒的球员，但到12岁时，梅西还只有140厘米。经过医生的检查，他患有先天性侏儒症，在11岁时已经停止生长。

梅西的侏儒症并非不可医治，但是每月在注射生长激素上的花费高达900美元。母队纽维尔老伙计不愿意为一个前途未卜的孩子支付这笔费用；一度觊觎梅西的河床队得知他的顽疾后，也打消了挖角的念头。

"我记得，而且永远都不会忘记拿到诊断结果的那一天。当时天特别冷，我们在街上，梅西没有任何表情，表现出非同一般的冷静。我知道他比任何人都清楚，家里没有任何能力让他治疗。"父亲豪尔赫回忆说，"作为父亲，我最清楚梅西的病源于营养不良。阿根廷盛产世界上最好的牛肉，拥有世界上最好的奶酪，但那不属于我们。梅西是吃着土豆和胡萝卜长大的,是喝过没有油沫的汤后去踢球的。但他从不抱怨,小小年纪就比谁都懂事,这一点没有人比我更清楚。"

2000年9月,凭借精湛的球技,年仅13岁,身高只有140厘米的梅西加入了巴赛罗那青年队。首场比赛,他就凭借娴熟的脚法、过人的盘带突破能力折服了看台上的万千观众。看台上掌声雷动,尖叫四起;父亲更是激动得热泪横流。然而惊喜之后,父亲心中便是无边的荒凉和绝望——140厘米的身高,注定了儿子与足球无缘。他的脚法越是完美,越是带给父亲深深的遗憾和内心的伤痛!

永远感谢巴萨的雪中送炭

关键时刻,梅西遇到了自己生命中的贵人图尔尼尼,一个长年在南美为巴萨物色小球员的球探。"我花了不少时间说服巴萨俱乐部,也向梅西的家人承诺不会改动他的国籍。"回忆往昔,图尔尼尼这位名不见经传的球探颇为得意:"这是我人生中下得最得意的一次赌注。"在图尔尼尼的帮助下,梅西举家迁至巴塞罗那,当时的巴萨体育主管雷克萨奇看了梅西的训练和比赛后毫不犹豫地与他签约,并安排俱乐部为他治病。从那一刻开始,梅西的巨星之路才终于铺开。

就这样,他一边训练,一边接受治疗。2003年,他的身高终于达到了170厘米。虽然在足球运动员当中,这样的身高仍然偏矮,但是对他来说已经足够了。

凭借顽强的意志和不懈的努力,梅西终于改变了自己的不幸命运,也成就了世界足坛的一个传说。

2006年,他出征世界杯,成为当年最年轻的世界杯球员;2008—2009赛季,率领球队连夺西甲、国王杯和欧冠三个冠军,成就了西班牙球队史无前例的三冠王;2009年获得了"世界足球先生"称号……直到

2013年，他获得了职业生涯中的第四个金球奖奖杯，终于成了绿茵场上一颗璀璨无比的明星，成了名副其实的"球王"。

每当全球亿万球迷为梅西这位足球巨星呐喊时，很少有人知道他有那么一段悲凉的年少往事。如果梅西当年对足球有一丝一毫的动摇，那么现在，他不过是个可怜的侏儒，在某个城市某个不知名的灰暗角落，依靠人们的怜悯艰难地谋生……

很多时候，面对困难，我们唯一的选择就是迎上去，战胜它。有时，仅仅后退一小步，我们就成了再也没有机会翻身的"侏儒"；而咬着牙、忍着泪一步一步顶上去，终有一天，我们会迎来生命的阳光，成为名副其实的"球王"。

原文出自百度文库《关于梅西的励志文章》
https://wenku.baidu.com/view/73a82f13f211f18583d049649b6648d7c1c70864?aggId=73a82f13f211f18583d049649b6648d7c1c70864&fr=catalogMain_

室内课程教学内容素材（二）

传奇球星贝克汉姆

贝克汉姆出生在伦敦东部，父亲爱德华是一名厨师，母亲桑德拉·韦斯特是一名美容师。贝克汉姆的祖父是犹太人，他本人也有一点犹太血统，他曾在首部自传中称自己受犹太教影响很深。

虽然家在伦敦，但贝克汉姆一家是曼联球迷，常跟随红魔去客场。小时候的贝克汉姆是个出色的越野跑选手，曾得过Essex越野跑大赛的冠军，不过他的主要兴趣还是足球。小时候，贝克汉姆进入了博比·查尔顿的足球学校，因表现出色，还赢得了一次去巴塞罗那参加训练课的机会。

7岁那年，贝克汉姆加盟了父亲执教的业余球队瑞德维勒沃斯队。在老贝克汉姆的带领下，这支儿童队获得了96场不败的骄人战绩，并获得了当地的联赛冠军。

在自传中，小贝回忆，自己曾在1986年曼联同西汉姆的比赛中担任过球童，他记得自己捡起球扔回给布赖恩·罗布森。当时，恐怕没人想到这个小孩未来会是怎样。

曼联92一代

贝克汉姆13岁时收到了伦敦托特纳姆热刺俱乐部的邀请。他在自传中是这样描述的："托特纳姆热刺队出价很慷慨，一份长达6年的合同：两年上学，两年在青年队训练，两年成为职业球员。一个念头在我的脑子里闪过：到18岁的时候，我能开一辆保时捷了。"然而当时，不论是贝克汉姆还是他的父亲，都倾向于曼联。1988年5月2日，贝克汉姆生日那天，曼联队的主教练阿莱士·弗格森正式向贝克汉姆提出了签约的邀请。合同期限是6年。签约的那天，贝克汉姆父亲的兴奋程度绝不亚于他。1991年，他转为训练生，1年后就正式成为红魔的职业球员。刚出道时，贝克汉姆身披24号球衣，踢右后卫，俊朗的外表和一脚出色的传中给人印象颇深。1992年，贝克汉姆、吉格斯、内维尔兄弟、斯科尔斯、巴特等人一道为曼联夺取了青年足总杯的冠军，这就是后来名动天下的"曼联92一代"。1994—1995赛季，弗格森着手大换血，贝克汉姆等进入曼联一队。他的第一个号码是4号。1994年11月7日，在冠军杯对阵土耳其加拉塔萨雷的比赛中，贝克汉姆终于进了自己在曼联一队的第一个球。

按照弗格森的习惯，为了锻炼一些年轻的优秀球员，他总是把他们租借到一些小球会，让他们获得更多上场的机会。贝克汉姆就被租借到了普雷斯顿队。弗格森对他说："好好干，有一天你会回来。"1995年，在被租借到普雷斯顿的第一场比赛中，贝克汉姆就用任意球攻进一球，这一球是"贝氏弧线"的初露锋芒。在对阵富勒姆的时候，贝克汉姆又以一记诡异的角球直接攻破对方的大门。贝克汉姆的优异表现获得了弗格森的认可。回到曼联队之后，贝克汉姆有了自己在曼联的第一个稳定号码：24号。1995年8月19日，贝克汉姆在曼联对阵阿斯顿维拉的比赛中，以一记远射攻入了自己为曼联攻入的第一个英超进球。1995年足总杯决赛，坎通纳对利物浦攻入了著名的"凌空致胜球"，传中的人就是小贝。1996年足总杯半决赛，贝克汉姆攻入了制胜的一球，淘汰了切尔西，打进决赛。就在那个赛季，曼联获得了联赛和足总杯的双冠王。1996年8月17日，在曼联对阵温布尔登的比赛中，贝克汉姆在中线附近以一脚超远距离的吊射越过对方守门员进入网窝。这一脚惊世骇俗的射门，宣告了老特拉福德球场"贝克汉姆时代"的来临。赛后，温布尔登的老板说："这是我第一次看见一个球员在自己的半场破门得分。"这个球在2003年还被评为英超10年最佳进球。在自己的优异表现下，贝克汉姆获得了在曼联的第二个稳定号码：10号。这意味着贝克汉姆已经成为曼联球队不可或缺的绝对主力。同样在那一年，贝克汉姆首次入选英格兰国家队。1996年9月1日，贝克汉姆首次披上英格兰的7号战袍，为三狮军团征战国际赛场。

7号传奇

1997年，"国王"坎通纳在法兰西世界杯的前夕突然宣布退役，这个脾气和他的进球一样火爆的法兰西前锋用出人意料的方式结束了自己的职业生涯。随后，弗格森让贝克汉姆穿上了7号球衣。在AC米兰，3号属于马尔蒂尼这个姓氏；在阿根廷，10号意味着球队的核心；在曼联，7号则意味着传奇。乔治·贝斯特、布莱恩·罗布森、埃里克·坎通纳，以及后来的克里斯蒂亚诺·罗纳尔多和迈克尔·欧文，都曾是这件7号球衣的主人。

1997—1998赛季，贝克汉姆为曼联攻入了11个进球、23次助攻。作为一个中场球员，这个数字在英超已经十分可喜。作为7号曾经的主人，乔治·贝斯特这样夸奖贝克汉姆："贝克汉姆是目前唯一一个能够带领英格兰获得世界杯的球员。"贝克汉姆神奇的任意球和精准的长传成了他身上的两件制胜法宝。很多人都知道，贝克汉姆7岁时就能把任意球射入球门，却很少有人知道，在每次训练之后，贝克汉姆都要加练50次任意球射门。"贝氏弧线"是他辛勤努力的结果。

然而在那个赛季，幸运女神没有站在曼联这一边，阿森纳始终以微弱优势领跑积分榜，并且最终夺得了该赛季的双冠王。1998年，法兰西世界杯如期而至。贝克汉姆身披"英格兰7号"出征。在小组赛上，他凭借自己最擅长的"贝氏弧线"进了自己在国家队，也是在世界杯上的第一个球，以一记"刁钻"的弧线射入了哥伦比亚队的大门。这一记任意球，让球迷记住了"贝克汉姆"这个名字，还有他神奇的任意球和长传。在八分之一决赛，贝克汉姆所在的英格兰队迎来了巴蒂斯图塔领军的阿根廷队。在那场比赛中，欧文凭借一个长途奔袭的进球一举成名，那个球正是来自贝克汉姆的长传。但是随后，贝克汉姆因为不冷静，中了西蒙尼的计，吃到了红牌，也终结了自己的第一次世界杯之旅。再后来，少一人的英格兰队在120分钟内与阿根廷队踢成了平局。在点球大战中，英格兰最终落败。几天前还是英格兰球迷心中的英雄的贝克汉姆，一下子成了全英格兰球迷心中的"弃儿"和"敌人"。在贝克汉姆的自传中，他是这样描述那个夜晚的："我知道在圣埃蒂安的那晚，英格兰的球员和球迷是多么失望。在成千上万双眼睛的注视下，我也几乎垮了。以我23岁的年龄，我还没有准备好承受因为输给了阿根廷队而对我的所有批评。"世界杯结束后，贝克汉姆迎来了自己职业生涯中的第一个低谷。他一度有过离开英格兰的想法。然而这个时候，有两个人坚定地站在了他的身边：一个是弗格森，他一再为贝克汉姆打气。在曼联队中，弗格森给了他最大的信任。贝克汉姆在顶住压力的情况下，一次又一次地为曼联攻城拔寨。另一个人，就是维多利亚。那时，维多利亚已经怀孕，他们的第一个儿子在1999年3月4日降生，名字叫布鲁克林·贝克汉姆。教练的信任和爱人的支持，令贝克汉姆重新在曼联振作起来。1999年5月16日，英超最后一轮，曼联队对阵托特纳姆热刺，贝克汉姆的进球帮助曼联以2∶1艰难地战胜了对手，捧起了联赛奖杯。

同年5月23日，在温布利球场的足总杯决赛上，曼联以2∶0战胜了纽卡斯尔，获得了足总杯。5月26日，在诺坎普球场的冠军杯决赛上，拜仁慕尼黑队距离冠军仅一步之遥。然而，谢林汉姆和索尔斯克亚以3分钟内的两个进球实现了神奇的逆转，时隔31年，再度捧起冠军杯。为他们两个助攻的球员正是大卫·贝克汉姆。在不到一年的时间里，贝克汉姆从英格兰的"罪人"变成了三冠王朝的功臣。仅仅一年，贝克汉姆就走出了世界杯失利的阴影。在1999年的欧冠评奖中，贝克汉姆荣膺"最有价值球员"。在随后的"世界足球先生"评选中，贝克汉姆位列第二。

1999—2000赛季，曼联队以18分的巨大优势蝉联英超冠军，并且在1999年12月于日本举行的丰田杯上荣获了象征世界俱乐部球队最高荣誉的丰田杯。2000—2001赛季，曼联队实现了英超联赛的三连冠，这是以往任何一支英超球队都不曾获得的荣誉。此时的贝克汉姆和曼联都是满载着荣誉的。然而作为国家队，英格兰的命运就没有那么好了。2000年欧锦赛上，只需要打平就可以出线的英格兰队因为主力门将西曼的缺阵，在最后阶段连丢两球，最终提前结束了欧锦赛之旅。英格兰队在34年当中没有成为任何重大赛事的冠军。2002年，贝克汉姆与维多利亚的第二个儿子罗密欧·贝克汉姆降生了。随着长子布鲁克林一天天长大，人们也从他的身上发现了遗传自父亲的足球天赋。曼彻斯特的人们都在津津乐道：20年后，也许曼联将有一对中场双子星。2001年，英格兰队在世界杯预选赛上成绩十分糟糕，大胜德国队之后，英格兰队迎来了最后一个对手希腊队。在老特拉福德球场，贝克汉姆的主场，英格兰队必须获胜才能进入决赛圈。

然而德国的平局，使英格兰只需平局。直到补时阶段，英格兰也落后于希腊。作为队长的贝克汉姆，在最后的时刻主罚一个前场任意球。在比赛的最后一分钟，"贝氏弯刀"成功地阻击了希腊队，那一刻，贝克汉姆在英格兰人的心中，从一个人变成了一个"救世主"、一个"神"。后来贝克汉姆在自传中说，正是这个进球，令他走出了当年法兰西之夜的那个阴影。从一个英格兰的"弃儿"变成一个"救世主"，命运就是这么在戏弄着他。随后的2002年世界杯，贝克汉姆带着伤腿来到了日本。他奇迹般地战胜各类伤痛，第二次站在世界杯的赛场上，只不过这一次，他已经是整个英格兰队的领袖。2002年6月7日，英格兰再度遇到了阿根廷。这一次，贝克汉姆以一记点球绝杀阿根廷，他用怒吼宣泄着4年的压抑。赛后，西蒙尼和贝克汉姆终于将4年前的"恩怨"一笔勾销。

在小组赛中，贝克汉姆不断地助攻，令英格兰队顺利晋级。在击败了丹麦之后，英格兰迎来了拥有大小罗、里瓦尔多、卡洛斯、卡福等巨星的巴西队。小罗那记"刁钻"的任意球越过了西曼的十指关，终结了贝克汉姆的第二次世界杯之旅。这一次，作为队长的贝克汉姆，他的表现，无可挑剔。

伯纳乌岁月

2003年2月15日，曼联在足总杯中被阿森纳淘汰，弗格森在中场休息时，于更衣室内一脚踢起一只球鞋，击破了贝克汉姆的眉骨——不知从什么时候开始，他们师徒间的矛盾总是爆发。

事后，有人问弗格森是否故意将鞋踢到贝克汉姆的脸上，弗格森说："如果我有这么精准的脚法，就会选择自己上场。"并且弗格森拒绝为此事道歉。不论这次飞鞋是否故意，贝克汉姆与弗格森之间的矛盾已经到了不可调和的地步，两个人注定要有一个离开曼联，而这个人选，毫无悬念地是贝克汉姆。2003年4月，在对阵皇家马德里队的冠军杯四分之一决赛上，贝克汉姆替补上场，并打入了两个进球，但是仍旧以总比分被淘汰出局。然而令人感到意外的是，这是贝克汉姆在老特拉福德的最后一场比赛。在这个赛季，贝克汉姆赢得了自己的最后一个英超奖杯。更令人意想不到的是，那个夏天，贝克汉姆远走西班牙，他的新东家，正是皇家马德里。2003年夏天，皇家马德里俱乐部宣布，他们正式签约贝克汉姆，转会费为3500万欧元。这一价格也创下了当时英格兰球员身价的第二高，排在第一位的是上个赛季转会曼联的天价后卫里奥·费迪南德。早在2000年，弗罗伦蒂当选皇家马德里队的俱乐部主席，借此展开了他的"银河战舰"计划。每年引入一个球星，打造当时世界上最豪华的阵容。2000年，巴塞罗那队队长路易斯·菲戈加盟；2001年，世界足球先生齐达内如约而至；2002年，勇夺世界杯的罗纳尔多披上了白色战袍；2003年，伯纳乌迎来的正是贝克汉姆。直到2004年欧文加入，"银河战舰"正式组建完毕。这支会集了卡西利亚斯、卡洛斯、齐达内、贝克汉姆、菲戈、劳尔、欧文、罗纳尔多的豪华阵容球队，为皇家马德里俱乐部带来了空前的经济收益。贝克汉姆的加盟，让皇家马德里在远东地区的影响力迅速扩大。就在贝克汉姆加盟不到一个月的时间里，他们来到中国进行了一次友谊赛。这是中国商业比赛中球星最多的一场，这个纪录至今都没人打破。2006年7月6日，意大利人卡佩罗重新执教皇马，他正是改变贝克汉姆命运轨迹的第三个人。齐达内的退役，标志着"银河战舰"一代的结束。在卡佩罗的战术体系中，贝克汉姆仅仅是一个替补，只能坐在替补席上焦急而又落寞地看着队友在场上比赛。离开了英格兰国家队后，贝克汉姆也失去了卡佩罗的信任。2006年11月，贝克汉姆在养伤期间参加了好友汤姆·克鲁斯在米兰的婚礼。这一举动，却令卡佩罗和贝克汉姆的矛盾更加激化。在伯纳乌看不到自己的未来的贝克汉姆，在2007年1月宣布了一个令人震惊的消息：他将不再与皇马续约，而要去美国大联盟，加入洛杉矶银河队。一个球员远赴被称为"足球荒漠"的美国，就意味着他要离开主流的足球世界。这对贝克汉姆来说，是又一次重大的抉择。这一选择，也彻底激怒了卡佩罗，他宣布，以后永远不会让贝克汉姆代表皇家马德里队出场。尽管如此，贝克汉姆还是坚持参加球队的训练。每场比赛，他都会坐在伯纳乌球场静静地看着队友们踢球。皇家马德里队陷入了低谷。此时，英格兰队的日子也好不到哪里去，连续五场不胜的糟糕战绩，令他们2008年欧锦赛的出线形势不容乐观。于是在当年2月17日，卡佩罗迫于压力，终于将贝克汉姆重新派上场。贝克汉姆在后来的几场比赛里上演了精彩的"单骑救主"。卡佩罗也不得不说："贝克汉姆是我见过的最有职业精神的球员。"此时，麦克拉伦也重新把贝克汉姆召回球队。可是贝克汉姆一个人的努力不足以挽救此前战绩糟糕的英格兰队，最终，英格兰队失去了进入欧洲杯决赛圈的资格。2007年6月17日，贝克汉姆最后一次代表皇家马德里队出场。皇马3：1战胜了对手，后来居上地捧起了失去多年的联赛冠军奖杯。66分钟后,贝克汉姆被换下场。赛后,贝克汉姆带着三个儿子一起庆祝夺得联赛冠军的背影,成了他留给伯纳乌球迷的最后一幕。

远征美国

2007年夏天,贝克汉姆加盟了洛杉矶银河队。他的到来,让美国足球大联盟开始受到世人的关注。实际上,他并不是第一个加盟美国大联盟的球星,前世界足球先生马特乌斯当年就加盟了纽约地铁明星队。在美国,为人们所津津乐道的基本上是篮球、橄榄球、棒球甚至曲棍球这些更加美国本土化的运动。而足球,直到1994年美国世界杯,才开始被美国人关注。一个在欧洲顶级联赛效力于顶级俱乐部的巨星去美国大联盟踢球,无异于自降身价。而事实上,贝克汉姆此次选择去美国,完全是为了自己的家庭。维多利亚是个有品位的女人,她终于不用再忍受大蒜味的马德里美食,而可以去享用贝弗利山庄的明星晚宴,终于不用再与鲁尼的女友科琳等女人挤在一个包厢里看球,而可以跟阿汤哥的妻子或布莱德·彼特的妻子一起逛街。维多利亚为了贝克汉姆已经牺牲了太多,这一次,贝克汉姆要为她做一次牺牲。当然,远赴美国对于贝克汉姆也有着不言而喻的利益。朝着全方位明星方向发展的贝克汉姆在美国享有100万美元的周薪,他在退役之后也可以顺理成章地加盟好莱坞。一时间,甚至有"贝克汉姆即将是007的下一任人选"的传言。在美国,贝克汉姆拥有一所自己的足球学校,这不但为贝克汉姆夫妇带来了可观的收益,更令他们在当地赚足了镁光灯和报纸头版。有人预计,在美国的未来5年里,贝克汉姆将获得2.5亿美元的巨额收入,足球界的首富非他莫属。在远离了曼彻斯特质朴的生活,告别了马德里热情、奔放的过去后,贝克汉姆渐渐习惯了在洛杉矶的新生活。这一切,都从他熟悉了美国大联盟的足球环境开始。2008年5月24日,洛杉矶银河队在美国大联盟的比赛中对阵堪萨斯奇才,补时阶段，贝克汉姆在距离球门70码的位置进行了一次超远距离入球，人们仿佛回到了1996年的老特拉福德，那个年轻的梦剧场王子何其相似地进行了一次超远距离吊射。2008年7月16日，贝克汉姆获得了ESPN发起的一年一度的"ESPY年度卓越体育表现奖"；2008年8月3日，贝克汉姆获得了美国销量最大的男性杂志《男人健康》评选的"最受欢迎运动员奖"。

红黑梦想

就在世人都以为贝克汉姆即将淡出欧洲足坛的时候，2008年12月20日，AC米兰俱乐部突然宣布贝克汉姆将以租借的形式加盟该俱乐部，租借期截止到本赛季末。就这样，贝克汉姆再度以一种奇特的方式重新回归主流足球世界。这一次，他披着红黑军团的32号战袍，征战在亚平宁半岛。

此时的AC米兰，早已经不是20世纪90年代初那支雄霸欧陆的王者之师，更不是舍甫琴柯巅峰时代的红蓝雄狮，球员的老龄化及球员状态的跌宕起伏，都令这支球队处在一个尴尬的位置。这一年的意大利，属于狂人穆里尼奥，属于蓝黑军团国际米兰。但是贝克汉姆并没有因此而懈怠，那个勤恳、谦逊、敬业的贝克汉姆又回来了。他出现在训练场上，同队友积极地训练。同时，他和妻子、儿子出现在时尚之都米兰的街头，也成了当地一道亮丽的风景线。贝克汉姆一共代表米兰出场了五次，并且打入两个标志性的任意球。曾经消失在人们视线中一年多的"贝氏弧线"回归，只不过这一次不是出现在曼彻斯特或者马德里。不论贝克汉姆以何种目的回到欧洲赛场，这都是值得贝克汉姆的球迷们欢欣鼓舞的。贝克汉姆是标准的曼联青训体系培养出来的优质球员。在曼彻斯特生活的十五年，红魔的血性深深地扎根于贝克汉姆的内心。在曼联来到米兰参加欧冠比赛的时候，贝克汉姆也抽空看望了昔日的队友，还有那个曾经与他闹过矛盾的倔老头弗格森。五年的时间，两个人都已经忘记了昔日的不愉快。剩下的，是不变的情谊。如果再让他们选择一次，也许飞鞋、散伙都不会再发生。两个人在这片绿茵场的时间都不会太多，在他们最后的几年职业生涯中，相信他们还会再度碰面。在贝克汉姆的内心深处，他一直把自己当作红魔的一分子，这一点，从未改变。

原文出自央视网《5+封面人物·小贝职业生涯回顾》
https://sports.cntv.cn/20121127/106986_1.shtml

室内课程教学内容素材（三）

球王贝利的足球故事

世界球王贝利有一句名言："我为足球而生存，除此之外再没多少闲工夫。"他是这样说的，也是这样做的。

贝利出生在巴西海岸线附近一个贫困的小镇里，父亲是位因伤退役、穷困潦倒的足球运动员。贝利从小酷爱足球运动，很早就显现出踢球的天分。因为家里穷，父亲没有钱买足球，但为了鼓励儿子对足球的热爱，他用大号袜子、破布和旧报纸自制了一个"足球"送给贝利。从那时起，贝利常常光着黑瘦的脊梁，在家门前坑坑洼洼的街面上，赤着脚向想象中的球门射门。

10岁时，贝利和伙伴们组建了一支街头足球队，在当地渐渐小有名气。足球在巴西人的生活中有着举足轻重的地位，因此，镇里开始有不少人向崭露头角的贝利打招呼。贝利享受那种感觉，无意间渐渐形成了一些不好的习惯。

一天,贝利在街上向人要烟时被父亲撞见了。父亲的脸色很难看,眼里充满了忧伤和绝望,甚至还有恨铁不成钢的怒火,贝利不由得低下了头。

回家后,父亲因为刚才发生的事质问贝利,贝利小声辩解。忽然,他看见面前的父亲猛然抬起了手,吓得肌肉紧绷,不由自主地捂住自己的脸。父亲从来没有打过他,可当时他的错误确实有些大了,而且还撒了谎。然而出人意料的是,父亲给他的并不是预想的耳光,而是一个紧紧的拥抱。

父亲把贝利搂在怀中说:"孩子,你有踢球的天分,可以成为一个伟大的球员。但如果你染上了一些恶习,那足球生涯可能就到此为止了。一个不爱惜自己的身体的球员,怎么能在90分钟内一直保持较高的水平呢?以后的路怎么走,你自己决定吧!"

父亲放开贝利,拿出瘪瘪的钱包,掏出里面仅有的几张纸币说:"如果你真的想得到一些东西,还是自己去买好了。总向别人索要,会让你丧失尊严。"

贝利感到十分羞愧,眼泪几乎夺眶而出。当他抬起头时,发现父亲的脸上已是泪水纵横……

后来,贝利再没有抽过烟,也没有沾染任何足球圈里的恶习。他以魔术般的足球天赋和高尚、谦逊的品格,被誉为"20世纪最伟大的运动员"。

多年以后,已成为一代球王的贝利仍不能忘怀当年父亲的那个拥抱。他说:"在几乎踏上歧路时,父亲那个温暖的拥抱,比给我多少个耳光都更有力量。"

原文出自网易网《拥抱比耳光更有力量》

https://www.163.com/dy/article/EOHLFKGT0543232F.html

第 五 部 分

第二学期教学实例

一

教学主题： 游戏类 团队合作	教学目的：使学生初步形成角色转换的意识，增强同伴之间的配合能力。	时长
课次： 第二学期第一次	教学任务：通过训练有效提高学生对球的感觉，以及小组合作中进攻和防守的意识。	40分钟

器材					号衣				
数量	0	0	0	0	数量	10	10	10	10
器材									
数量	20	0	40	0		球员跑动路线		传球路线	运球路线

部分	教学任务与要素	场地布置与安排
准备部分	**热身活动** **目标：** 以游戏的形式使学生达到一定的热身效果，在进攻的同时躲避对手的追赶，以此提高学生的判断力和反应能力。 **方法：** 1.在场地内设置一块游戏区域。 2.把学生分成A、B、C、D4组，每组穿不同颜色的号衣。A组追赶B组的人，B组追赶C组的人，C组追赶D组的人，D组追赶A组的人。 3.被对应追赶组触碰到的学生直接被淘汰并退出场地。 4.最后留在场地的人数较多的组胜利。 **要求：** 1.在跑动的过程中不可以踏出场地区域。 2.分组抓人的顺序不可以变化。 3.被抓到的学生要及时退出场地。 **难度与变量：** 1.分组的人数由少到多。 2.改变场地的大小。 **注意事项：** 1.控制学生的游戏时间。 2.学生在追逐跑动的过程中要注意安全，不要与同伴发生碰撞。	图示： | 学生人数	练习时长	场地范围
40人	10分钟	20米×20米 | **练习执行过程要点提示：** 1.提醒学生注意追逐顺序。 2.注意观察场上学生的行为。 3.提示学生可以多人合作。 4.提醒被抓到的学生退出场地。 5.积极教学，不断激励学生。

续表

部分	教学任务与要素	场地布置与安排
基本部分	**技术技巧、协调性或对抗练习** **目标：** 通过练习提高学生的球感，同时培养学生在运动中跑动接应、摆脱防守人的团队合作能力。 **方法：** 1.在场地内设置一块区域，将学生分成四人一组，其中两人为进攻者，两人为防守者。 2.在区域内，进攻者用脚进行传接球，防守者在传球路线上进行拦截。 3.进攻者传球出界或者被拦截，此时攻、守双方将进行互换。 **要求：** 1.防守者不得从进攻者脚下直接抢球，只能从传球路线上进行拦截。 2.必须在规定区域内进行练习。 **难度与变量：** 1.每组人数由4人增加至8人；5人传球，3人防守。 2.改变场地的大小。 3.减少防守人。 **注意事项：** 1.练习时用脚传球。 2.进行传抢球跑时要注意安全。	图示： | 学生人数	练习时长	场地范围
40人	20分钟	20米×20米 | **练习执行过程要点提示：** 1.时刻提醒学生观察对手的位置。 2.学生能否利用空间，并很好地绕开对手。 3.教学中遇到问题，随时停下来讲解。

续表

部分	教学任务与要素	场地布置与安排		
结束部分	**整理放松与分享引导** **目标：** 进行放松活动并做小结。 **方法：** 深呼吸10次，拍打大、小腿肌肉，进行下肢静力压伸。 **要求：** 散点站位，保持安静。	学生人数	练习时长	场地范围
^^^	^^^	40人	10分钟	散点站位
^^^	^^^	**分享与引导：** 在练习的过程中培养学生拓展的能力和自主开发游戏的能力。		

二

教学主题： 游戏类 合作类游戏	教学目的：让学生在场上自主寻找保持平衡的诀窍，同时培养跑动中接球的能力。	时长
课次： 第二学期第二次	教学任务：提高学生急停、急转或跳跃、平衡等能力。	40分钟

器材	▦	▥	⚊	⚐	号衣	○	○	●	●
数量	0	0	0	0	数量	10	10	10	10
器材	⚽	▲	▲	○	⟶	⟶	～		
数量	4	0	0	24	球员跑动路线	传球路线	运球路线		

部分	教学任务与要素	场地布置与安排
准备部分	**热身活动** **目标：** 以游戏的方式使学生体会在运动的过程中寻找平衡，同时训练学生在跑动中接球及传球稳定性的能力。 **方法：** 1.在场地内设置区域，对学生进行分组，每组按Z字形排列出6个圆圈。 2.每名学生用交换腿单脚跳的方法向前跳跃，单脚在圈内保持平衡；停留3秒，再向下一个圆圈跳跃。 3.跳出最后一个圆圈后，接住传球并回传。 4.每次跳跃完的学生都与传球的学生交换位置，循环练习。 **要求：** 1.跳跃有力，落地平稳，脚不要出圈。 2.传球、回传要准确。 **难度与变量：** 1.调整圆圈之间的距离。 2.可将回传球练习换成射门练习。 **注意事项：** 跳跃时要注意安全，传球同伴需等到跳跃的学生出圈后才能进行传球。	**图示：** | 学生人数	练习时长	场地范围
40人	15分钟	20米×20米 | **练习执行过程要点提示：** 1.强调跳跃动作。 2.注意观察场上学生的行为。 3.积极教学，不断激励学生。

续表

部分	教学任务与要素	场地布置与安排
基本部分	**技术技巧、协调性或对抗练习** **目标：** 通过练习培养学生在场上的观察力和决断力。 **方法：** 1.在一定区域内摆放一些圆圈。 2.对学生进行分组，将学生分成抓捕者和逃跑者。 3.每个圆圈只能进入一个人，时间不能超过5秒；一个人不能反复进入同一个圆圈。 4.逃跑者要通过单脚跳跃进行移动，抓捕者可以正常移动，在圆圈内的人不能被抓捕。 **要求：** 1.每个圆圈内只能站一个人。 2.进行单脚跳跃时可以随时换脚，不可双脚同时着地。 **难度与变量：** 1.增加抓捕者的人数。 2.可以变换跳的方式，比如采用双脚跳。 **注意事项：** 1.跳跃跑时要注意安全。 2.游戏过程中，抓捕时不得用力拍打对方。	图示： | 学生人数	练习时长	场地范围
40人	15分钟	20米×20米 | **练习执行过程要点提示：** 1.提醒学生多观察，并强调跳跃动作。 2.在练习的过程中渗透灵敏性、协调性及变向的方法，提示重心的重要性。 3.注意观察场上学生的行为。 4.积极教学，不断激励学生。

续表

部分	教学任务与要素	场地布置与安排		
结束部分	**整理放松与分享引导** **目标：** 进行放松活动并做小结。 **方法：** 深呼吸10次，拍打大、小腿肌肉，进行下肢静力压伸。 **要求：** 散点站位，保持安静。	学生人数	练习时长	场地范围
		40人	10分钟	散点站位
		分享与引导： 在练习的过程中培养学生拓展的能力和自主开发游戏的能力，强调规则的重要性。		

三

教学主题： 技术类 球性练习	教学目的：通过练习，学生可初步了解常用的脚触球部位的名称，体会用脚的不同部位触拨球，培养球感，提高控球能力。	时长
课次： 第二学期第三次	教学任务：用脚的不同部位触球，培养球感。	40分钟

器材	▬	⌇	⊢⊣	⚑	号衣	●	○	●	●
数量	0	0	0	0	数量	10	10	10	10
器材	⚽	⬥	▲	○	⇠⇢	→	∿	
数量	40	0	40	0	球员跑动路线	传球路线	运球路线	

部分	教学任务与要素	场地布置与安排
准备部分	**热身活动** **目标：** 通过练习，学生可初步了解脚触球部位的名称，初步体会用脚的不同部位触拨球，进而培养学生的球感。 **方法：** 1.在场地中间进行场地布置，将标志盘按正方形进行分组摆放。 2.将学生分成四人一组；每个学生站在一个标志盘上，面向场地内，每人一球。 3.当教师哨声响起，所有学生同时按照教师提出的动作要求逆时针运球至下一个位置，当哨声再次响起时继续跑动、练习，跑回起点位置后休息。 4.每结束一轮换一个练习动作。 **要求：** 1.听哨声进行移动，反应速度要快。 2.动作要轻巧，动作频率逐渐加快。 **难度与变量：** 1.听教师口令，变换跑动方向。 2.看教师手势喊数。 **注意事项：** 1.把球停稳后才能跑动到下一个位置。 2.移动的过程中要注意安全。	图示： | 学生人数	练习时长	场地范围
40人	10分钟	20米×20米 | **练习执行过程要点提示：** 1.时刻强调触球的部位和技术动作。 2.提示原地练习时注意动作轻巧，动作频率逐渐加快。 3.教学中遇到问题，随时提问并进行讲解。

续表

部分	教学任务与要素	场地布置与安排
基本部分	**技术技巧、协调性或对抗练习** **目标：** 通过球性练习，在培养学生球感的同时提高其运球及控球的能力。 **方法及技术要点：** 1.在场地内将学生分成四人一组，每组一球。 2.以规定的运球动作进行球性练习，到达终点后将球传给下一名学生，下一名学生再出发。每人进行一次，最先结束的组获胜。 3.每结束一轮换一个练习动作。 **要求：** 1.把球控制在自己的动作范围内。 2.加快运球动作频率。 **难度与变量：** 1.两名学生从两端标志物处同时出发，进行接力。 2.增加不同的运球方式，进行球性练习。 **注意事项：** 1.接力的过程中注意其他组的学生。 2.前一名学生到达终点，下一名学生再出发。 3.进行球性练习时要注意安全。	图示： | 学生人数	练习时长	场地范围
40人	20分钟	20米×20米 | **练习执行过程要点提示：** 1.体会用脚的不同部位触拨球，动作频率逐渐加快。 2.学生要积极探讨、研究，注意观察、思考。 3.教师需积极教学，不断激励学生。

续表

部分	教学任务与要素	场地布置与安排		
结束部分	**整理放松与分享引导** **目标:** 进行放松活动并做小结。 **方法:** 深呼吸10次,拍打大、小腿肌肉,进行下肢静力压伸。 **要求:** 散点站位,保持安静,充分拉伸。	学生人数	练习时长	场地范围
^^^	^^^	40人	10分钟	近距离散点站位
^^^	^^^	**分享与引导:** 在练习中体会用脚的不同部位触拨球,在进行的过程中注意其他组的学生的位置。		

四

教学主题: 对抗类 对抗与比赛	教学目的:以教学设计、难度变量、对抗传球的学习等方式,使学生意识到团队的重要性。	时长
课次: 第二学期第四次	教学任务:在跑动的基础上传球;通过学习,强调传球的重要性。	40分钟

器材					号衣	●	○	●	●
数量	0	0	0	0	数量	20	0	20	0
器材					球员跑动路线		传球路线	运球路线
数量	20	0	0	0	球员跑动路线		传球路线	运球路线

部分	教学任务与要素	场地布置与安排
准备部分	**热身活动** **目标：** 通过抓人游戏，培养学生观察目标的能力和躲闪反应能力。 **方法：** 1.在规定区域内对学生进行分组，选一名学生做抓捕人，其他学生在区域内随意跑。 2.被抓到的学生退出游戏场地。 3.依次轮换抓捕人。 **要求：** 1.抓人时触碰到即可。 2.被抓到的学生要及时停下来。 3.在规定的范围内跑动。 **难度与变量：** 1.抓捕人的数量由少到多。想不被抓到，要做到多方面的观察。 2.可改变场地的大小。 **注意事项：** 1.跑动者不可跑出规定区域范围。 2.抓人时要注意安全，避免与其他学生发生碰撞。	图示： | 学生人数	练习时长	场地范围
40人	10分钟	15米×20米 | **练习执行过程要点提示：** 1.随时观察场上学生的行为。 2.提醒学生的动作。 3.积极教学，不断激励学生。

续表

部分	教学任务与要素	场地布置与安排
基本部分	**技术技巧、协调性或对抗练习** **目标：** 通过练习，学生可在场地内观察并摆脱对手；加深与队友的合作，合理运用个人和团队的技能。 **方法：** 1.讲解本次课要教的内容，同时将学生分成四人一组。 2.将每组四人分成两人为进攻者，两人为防守者。 3.进攻者以各种运球过人及传球动作摆脱防守者将球射门，此时进攻者与防守者进行角色交换。 **要求：** 1.射门的过程中两人必须各触球一次。 2.在规定区域内进行练习。 **难度与变量：** 将防守者人数由两人增加至三人或四人。 **注意事项：** 1.控制后续队员的练习间隔。 2.在规定区域内进行练习。 3.跑动时要注意安全。	图示： | 学生人数	练习时长	场地范围
40人	20分钟	15米×20米 | **练习执行过程要点提示：** 1.指令性教学完全按照练习要求完成。 2.学生能否很好地观察对手的位置。 3.学生能否利用空间，并很好地绕开对手。 4.教学中遇到问题，随时提问。

续表

部分	教学任务与要素	场地布置与安排		
结束部分	**整理放松与分享引导** **目标：** 进行放松活动并做小结。 **方法：** 1. 深呼吸练习。 2. 放松全身肌肉练习。 **要求：** 散点站位，保持安静。	学生人数	练习时长	场地范围
:::	:::	40人	10分钟	规定的范围内
:::	:::	**分享与引导：** 引导学生学会观察，以便掌握与对手之间的距离。		

五

教学主题： 技术类 球性练习	教学目的：进一步体会用脚的不同部位触拨球，提高对球的控制能力。	时长
课次： 第二学期第五次	教学任务：通过不同的球性练习，提高对球的控制能力。	40分钟

器材					号衣	●	○	●	●
数量	0	0	0	0	数量	10	10	10	10
器材					球员跑动路线		传球路线	运球路线	
数量	40	0	40	0					

部分	教学任务与要素	场地布置与安排
准备部分	**热身活动** **目标：** 通过练习，学生可进一步熟悉球性，提高控球能力，并掌握多种运球技术。 **方法：** 1. 在场地内设置规定区域，同时将学生平均分成四组。 2. 学生十人一组，排成四路纵队，每人一球。 3. 当教师哨声响起，所有学生开始绕标志盘进行球性练习，并以规定的动作进行运球。 4. 将球运到规定的地方后传出，然后迅速跑到接球人的位置；依次轮换。 **要求：** 1. 在带球移动中注意把球控制在自己的动作范围内。 2. 传球动作要准确。 **难度与变量：** 1. 增加标志盘的数量。 2. 变换运球的动作。 **注意事项：** 1. 在移动中要注意运球的动作，将球控制在自己的脚下。 2. 在规定区域内传球时不要出界。	图示： | 学生人数	练习时长	场地范围
40人	10分钟	20米×20米 | **练习执行过程要点提示：** 1. 学生要注意练习时的频率，不要过快。 2. 教师注意观察学生的运球动作，提示学生正确运球。 3. 教师发现问题时及时指出并纠正。 4. 学生运球跑动时要注意安全。

续表

部分	教学任务与要素	场地布置与安排
基本部分	**技术技巧、协调性或对抗练习** **目标:** 通过练习,学生可进一步提高运球、传球等控球的能力。 **方法:** 1.在场地内划出规定区域,同时对学生进行分组。 2.学生四人一组进行接力,路线两端标志物处各站两名队员,标志物中间设置一只提示用标志碗。 3.第一名学生行进间踩球到中间标志碗处停球,将球踢给下一名学生后走到队尾,下一名学生接到球后出发。 **要求:** 1.要按照教师的要求进行运球。 2.行进间踩球时注意动作频率,逐渐加快。 3.传球要准,停球要稳。 **难度与变量:** 1.可变换球性练习内容,如把踩球换成左右拨球等。 2.在行进间球性练习中增加障碍物。 **注意事项:** 1.要将球停在中间的标志碗处。 2.下一名学生在线后接到球才能出发。 3.要将球停在脚下,不要出规定区域。	图示: 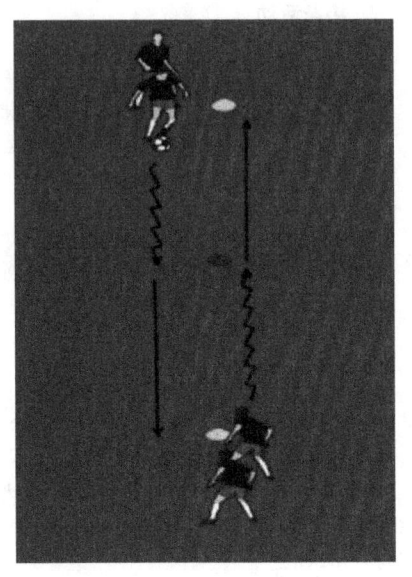 | 学生人数	练习时长	场地范围 | |---|---|---| | 40人 | 20分钟 | 20米×20米 | **练习执行过程要点提示:** 1.时刻注意学生的运球动作。 2.引导学生逐渐加快踩球的频率,并做到动作轻巧。 3.提示学生注意传球的准确性。 4.增加其他运球动作。

续表

部分	教学任务与要素	场地布置与安排		
结束部分	**整理放松与分享引导** **目标：** 进行放松活动并做小结。 **方法：** 进行拉伸练习。 **要求：** 散点站位。	学生人数	练习时长	场地范围
		40人	10分钟	散点站位
		分享与引导： 在传球时，要尽量传到队员脚下，培养队员之间的配合。		

六

教学主题： 对抗类 对抗性比赛	教学目的：以教学设计、难度变量、对抗传球的学习等方式，使学生意识到团队的重要性。	时长
课次： 第二学期第六次	教学任务：使学生在传球、过人的基础上敢于对抗，敢于射门。	40分钟

器材					号衣	◯	◯	◯	●
数量	0	0	0	0	数量	20	0	0	20
器材					┄┄▶	──▶	～▶		
数量	40	12	40	0	球员跑动路线	传球路线	运球路线		

部分	教学任务与要素	场地布置与安排
准备部分	**热身活动** **目标：** 通过运球练习，学生能够进行运球躲闪，并熟练地将球控制在自己的脚下。 **方法：** 1.在场地内划出规定区域；将学生分成两组，每人一球。 2.每组三人手拿号衣运球，随时观察其他学生的位置，想办法触碰他们；其他学生边运球，边躲避拿号衣的学生。 3.被触碰到的学生替代拿号衣的学生。 **要求：** 1.在规定区域内进行运球。 2.运球的同时躲人而不失球。 3.被触碰到的学生应被及时替代。 **难度与变量：** 1.增加拿号衣学生的人数。 2.可改变场地的大小。 **注意事项：** 1.运球时不要出规定区域。 2.抢球时动作不要过大，触碰到球即可。 3.运球追逐时要注意安全。	图示： | 学生人数	练习时长	场地范围
40人	10分钟	15米×20米 | **练习执行过程要点提示：** 1.注意观察学生的运球动作，及时提醒并纠正。 2.提醒学生注意安全。 3.及时鼓励学生。

续表

部分	教学任务与要素	场地布置与安排
基本部分	**技术技巧、协调性或对抗练习** **目标：** 通过练习，学生能够熟练运用过人、传球等技能；培养学生的团队意识。 **方法：** 1.在场地内设置比赛区域，再对学生进行分组。 2.以五人一组将学生分成两组，进行两组之间的小比赛。 3.比赛时通过队友之间的传球配合进行射门。 **要求：** 1.一组进球后回到本组场地，接本组守门员传球再进攻。 2.输球一组五名队员迅速下场，换另一组队员上场。 3.连胜三场的一组可以下场休息，胜者多的一组为优胜队。 4.多场地同时比赛。 **难度与变量：** 1.对学生的传球方式进行规定，如采用地滚球等。 2.可改变场地的大小。 3.增加每组进攻和防守的人数。 **注意事项：** 1.攻、守转换时应马上进行反抢。 2.队员间的衔接要快。 3.对抗时要注意安全。	图示： | 学生人数	练习时长	场地范围
40人	20分钟	15米×20米 | **练习执行过程要点提示：** 1.指令性教学完全按照练习要求完成。 2.学生能否很好地观察对手的位置。 3.学生能否利用空间，并很好地绕开对手。 4.教学中遇到问题，随时提问。

续表

部分	教学任务与要素	场地布置与安排			
结束部分	**整理放松与分享引导** **目标：** 进行放松活动并做小结。 **方法：** 1.深呼吸练习。 2.放松全身肌肉练习。 **要求：** 散点站位，保持安静。	学生人数	练习时长	场地范围	
		40人	10分钟	规定的范围内	
		分享与引导： 引导学生学会观察，以便掌握与对手之间的距离。			

七

教学主题： 技术类 球性练习·近距离踢接球	教学目的：通过练习，学生可进一步熟悉球性，提高控制能力，发展身体协调性。	时长
课次： 第二学期第七次	教学任务：在球性练习与脚踢、接球过程中培养球感，发展协调性。	40分钟

器材	▦	▦	▬	▲	号衣	●	●	●	●
数量	0	0	0	0	数量	20	20	0	0
器材	⚽	↓	▲	○	┈┈▶		──▶		～～▶
数量	20	0	40	0	球员跑动路线		传球路线		运球路线

部分	教学任务与要素	场地布置与安排		
准备部分	**热身活动** **目标：** 通过练习提高学生的控球能力和身体协调性。 **方法：** 1.在场地内设置比赛区域；学生四人一组成正方形在区域内站立，每人间隔两米，队形如图；每组两球。 2.有球的学生将球逆时针踢给下一名学生。 **要求：** 1.队员之间传球要准确、迅速。 2.接球队员停球要稳。 **难度与变量：** 1.随着学生对练习的熟悉程度的提高，逐渐增加每个学生之间的距离，但要保证学生是在正确的动作下传接球的。 2.也可以变换多个传球方向，如顺时针、对角线传球等。 **注意事项：** 1.传球力度要适当。 2.要将球停稳。	图示：		
		学生人数	练习时长	场地范围
		40人分10组	10分钟	20米×20米
		练习执行过程要点提示： 每组两球，注意传球后及时接球。		

续表

部分	教学任务与要素	场地布置与安排
基本部分	**技术技巧、协调性或对抗练习** **目标：** 通过练习培养学生接球后及时移动的意识。 **方法：** 1.在规定区域内将学生分成三人一组，队形如图；每组一球。 2.一名学生依次向其他几名学生传球，每传出一次球后都要移动到下一个接球点，接住第二名学生的传球后再踢给第三名学生。当再次接到球时，所有学生向前移动一个人的位置，同时传球给第二名学生，第二名学生接到球后进行练习。以此类推。 **要求：** 1.传球和触球要准确，接球学生停球要稳。 2.将球传出后要及时跑动到下一个接球点，准备进行下一次练习。 **难度与变量：** 随着学生球感和技术的提高，可以适当增加传球距离或移动间距。 **注意事项：** 站在一侧的传球学生要等练习的学生站到接球点后再将球传出。	图示： | 学生人数	练习时长	场地范围
40人	20分钟	20米×20米 | **练习执行过程要点提示：** 及时移动，注意来球。

续表

部分	教学任务与要素	场地布置与安排		
结束部分	**整理放松与分享引导** **目标：** 进行放松活动并做小结。 **方法：** 进行伸拉练习。 **要求：** 散点站位，充分拉伸。	学生人数	练习时长	场地范围
^^	^^	40人	10分钟	散点站位
^^	^^	**分享与引导：** 在每次传球后要及时移动到下一个接球点，提高传球后的移动意识。		

八

教学主题： 对抗类 对抗与比赛	教学目的：以教学设计、难度变量、对抗传球的学习等方式，使学生意识到团队的重要性。	时长
课次： 第二学期第八次	教学任务：在场地内完成运球、传接球、射门等一系列动作，强调运球的重要性。	40分钟

器材					号衣	●	○	●	●
数量	0	0	0	0	数量	20	0	0	20
器材	⚽	▲	▲	◯	┈▶	→	～→		
数量	20	0	0	0	球员跑动路线	传球路线	运球路线		

部分	教学任务与要素	场地布置与安排
准备部分	**热身活动** **目标：** 通过练习培养学生在行进间完成运球、传接球的能力。 **方法：** 1.按运球和传接球能力是否相当对学生进行分组，两人一组；在规定区域内、跑动中做两人传接球练习。 2.在开始练习后对学生进行跟随指导。 **要求：** 行进间传接球要稳、要准。 **难度与变量：** 注意控球到位、跑动到位，以及传球的准确性。 **注意事项：** 跑动时要注意安全。	图示： | 学生人数	练习时长	场地范围
40人分2组	10分钟	15米×20米 | **练习执行过程要点提示：** 1.注意观察场上学生的行为。 2.提醒学生的动作。 3.及时鼓励学生。

续表

部分	教学任务与要素	场地布置与安排
基本部分	**技术技巧、协调性或对抗练习** **目标：** 通过小场地的对抗比赛培养学生的团队意识，并充分发挥自己的水平。 **方法：** 1.在场地内设置两个比赛区域，再对学生进行分组。 2.在规定区域内将学生分成十人一组，进行两组之间的比赛。两个区域的比赛同时进行。 3.在比赛前讲解比赛规则，规则为比赛时通过队友之间的传球配合进行射门。 **要求：** 传球到位，跑动到位。 **注意事项：** 跑动时注意与同伴之间的距离，并注意安全。	图示： | 学生人数	练习时长	场地范围
40人	20分钟	15米×20米 | **练习执行过程要点提示：** 1.指令性教学完全按照练习要求完成。 2.学生能否很好地观察对手的位置。 3.学生能否利用空间，并很好地绕开对手。 4.教学中遇到问题，随时提问。

续表

部分	教学任务与要素	场地布置与安排		
结束部分	**整理放松与分享引导** **目标:** 进行放松活动并做小结。 **方法:** 1.深呼吸练习。 2.放松全身肌肉练习。 **要求:** 散点站位,保持安静。	学生人数 40人	练习时长 10分钟	场地范围 规定的范围内
		分享与引导: 引导学生学会观察,以便掌握与对手之间的距离。		

九

教学主题: 游戏类 竞速类游戏	教学目的:通过练习设计和难度变量提高学生的灵敏、协调能力和速度,形成其竞争意识和团队协作意识。	时长
课次: 第二学期第九次	教学任务:通过游戏训练学生反复变向、降低重心,提高其运动能力。	40分钟

器材	▬▬	▭▭▭	●―●	⚑	号衣	○	○	○	●
数量	0	0	0	0	数量	20	0	0	20
器材	⚽	▼	▲	○	- - - →	→	〰〰		
数量	0	30	40	10	球员跑动路线	传球路线	运球路线		

部分	教学任务与要素	场地布置与安排		
准备部分	**热身活动** **目标：** 通过练习培养学生在跑动中的平衡能力和运动能力。 **方法：** 1.在规定区域内，将标志物按照1.5—3米的距离摆放成一条直线；共设置8条练习线路。 2.将学生平均分成8组，每组5人；每组在一条线路上练习。 3.学生以S形行进路线绕过每一个标志物向前移动，到终点处再返回。 4.率先完成的小组获胜。 **要求：** 1.学生练习时必须听清教师口令，并在教师发令后才能出发。 2.绕标志物时注意降低重心，且避免身体触碰标志物。 **难度与变量：** 1.可以根据学生的状态将行进方向改为向后。 2.在人数较多的场合可以取消返回的路线，变向单程前进。 3.随着动作的熟练，可以加入球的练习。 **注意事项：** 学生返回接力时的方向，要注意安全，不要撞到同伴。	图示： 		
		学生人数	练习时长	场地范围
		40人分8组	15分钟	20米×20米
		练习执行过程要点提示： 1.为了增加一些趣味性，可更换口令方式。 2.注意观察场上学生的行为。 3.积极教学，不断激励学生。 		

续表

部分	教学任务与要素	场地布置与安排
基本部分	**技术技巧、协调性或对抗练习** **目标：** 通过练习提高学生的灵敏、协调、速度控制等能力，促进学生竞争意识和团队意识的形成。 **方法：** 1.在规定区域内随意设置一些标志桶。 2.将学生平均分成2组，每组20人；其中一组负责将所见到的标志桶扳倒，另一组则负责将被扳倒的标志桶重新立起来。 3.结束后，教师计算被扳倒的和立着的标志桶的数量，根据数量来判定胜负。 **要求：** 1.学生必须听清口令，每扳倒或立起一个标志桶后，不得重复将它扳倒或立起。 2.跑动中注意变向、降低重心和躲闪。 **难度与变量：** 1.需要随时根据人数对标志桶的数量进行调整。 2.每人都进行运球。 **注意事项：** 游戏的过程中直线进行，不要与同伴发生碰撞，及时躲闪，注意安全。	图示： | 学生人数	练习时长	场地范围
40人分2组	15分钟	20米×20米 | **练习执行过程要点提示：** 1.为了增加一些趣味性，可更换口令方式。 2.在练习的过程中渗透灵敏性、协调性、变向的方法，提示重心的重要性。 3.注意观察场上学生的行为。 4.积极教学，不断激励学生。

续表

部分	教学任务与要素	场地布置与安排		
结束部分	**整理放松与分享引导** **目标：** 进行放松活动并做小结。 **方法：** 深呼吸10次，拍打大、小腿肌肉，进行下肢静力压伸。 **要求：** 散点站位，保持安静。	学生人数	练习时长	场地范围
		40人	10分钟	散点站位
		分享与引导： 在练习的过程中培养学生拓展的能力和自主开发游戏的能力，强调规则的重要性。		

十

教学主题： 技术类 球性练习·跑动中踢接球	教学目的：通过练习，学生可进一步熟悉球性，提高灵敏、协调等身体素质。	时长
课次： 第二学期第十次	教学任务：使学生在熟悉球性练习和跑动传接球练习中提高跑动传接球的意识。	40分钟

器材					号衣	◉	○	●	●
数量	0	0	0	0	数量	20	0	0	20
器材	⚽	▲	▲	○	┈┈▶		──▶		～～
数量	20	0	40	0	球员跑动路线		传球路线		运球路线

部分	教学任务与要素	场地布置与安排
准备部分	**热身活动** **目标：** 通过练习，学生可进一步熟悉球性，增强灵敏、协调等身体素质。 **方法：** 1.在规定区域内将学生分成两人一组，每组一球。 2.在练习者两侧2—3米处分别放置两个标志垫。练习者跑到一侧踩到标志垫后返回原点接同伴踢来的球，将球踢出后反方向跑动到标志垫处，返回接同伴踢来的球；每人进行三次往返练习后交换。 **要求：** 1.跑动要及时，到位后迅速做好准备姿势。 2.到位后要准确且顺畅地踢到球。 **难度与变量：** 随着学生练习熟练度的提高，可以适当增加向两侧跑动的距离。 **注意事项：** 跑动中注意来球。	图示： | 学生人数	练习时长	场地范围
40人	10分钟	20米×20米 | **练习执行过程要点提示：** 1.在跑动中注意来球，找准时机踢球。 2.观察学生的动作细节，有问题出现及时叫停并指导，可个别指导。

续表

部分	教学任务与要素	场地布置与安排
基本部分	**技术技巧、协调性或对抗练习** **目标：** 通过练习，学生可进一步熟悉球性，增强身体各方面素质，提高跑动踢球的能力。 **方法：** 1.将场地分成两个区域，将每个区域的学生分成十组，每组两人。 2.两个区域同时比赛。在练习者的两侧设置标志盘。练习者从中心点出发向两侧移动，踩到标志盘后返回；同时，传球队员将球传给跑动队员，跑动队员将球踢回后向另一侧的标志盘跑动，再返回接球，以此类推。跑动接球成功次数多的组获胜。 **要求：** 1.跑动要积极，到位要及时。 2.学生之间传接球要准确、平稳。 **难度与变量：** 1.随着学生球感的提高，教师可以指导传球学生将球传向两侧练习者，左、右脚轮流回传。 2.传球队员停好球再踢。 **注意事项：** 跑动时要踩到两侧的标志贴。	图示： | 学生人数	练习时长	场地范围
40人分2组	20分钟	20米×20米 | **练习执行过程要点提示：** 1.在跑动中看准球再踢。 2.观察学生的动作细节，有问题出现及时叫停并指导，可个别指导。

续表

部分	教学任务与要素	场地布置与安排		
结束部分	**整理放松与分享引导** **目标：** 进行放松活动并做小结。 **方法：** 进行伸拉练习。 **要求：** 散点练习，充分拉伸。	学生人数	练习时长	场地范围
^	^	40人	10分钟	散点站位
^	^	**分享与引导：** 跑动要到位、及时，注意来球方向。		

十一

教学主题： 对抗类 对抗与比赛	教学目的：通过小比赛培养团队的配合意识。	时长
课次： 第二学期第十一次	教学任务：传球、运球、射门。	40分钟

器材					号衣	○	○	●	●
数量	0	0	0	0	数量	20	0	0	20
器材	球				---▶	→	～→		
数量	20	0	0	0	球员跑动路线	传球路线	运球路线		

部分	教学任务与要素	场地布置与安排
准备部分	**热身活动** **目标：** 通过练习提高学生在跑动中停球、控球的能力，能够较好地将球控制在脚下。 **方法：** 在规定区域内以两人一组对学生进行分组。一名学生先运球，将球运到指定位置后，传给另一名学生，另一名学生马上将球回传，起初的学生直接射门（如图所示）。 **要求：** 1.讲解动作要求和方法。 2.分组练习。 3.传球到位，跑动到位。 4.能够更好地射门。 **注意事项：** 跑动时要注意安全。	图示： | 学生人数	练习时长	场地范围
40人	10分钟	15米×20米 | **练习执行过程要点提示：** 1.随时观察场上学生的行为。 2.提醒学生的动作。 3.及时鼓励学生。

续表

部分	教学任务与要素	场地布置与安排
基本部分	**技术技巧、协调性或对抗练习** **目标：** 1.通过练习加深队友之间的合作，提高学生合理运用个人和团队技能的能力。 2.在场地内发现对手并摆脱对手。 **方法：** 1.在规定区域内将学生分成三人一组，一组为进攻者，另一组为防守者。 2.必须在规定区域内按规则进行比赛。 **要求：** 强调传球到位和跑动到位，以及射门的准确性。 **注意事项：** 对抗时要注意安全。	图示： | 学生人数	练习时长	场地范围
40人	20分钟	15米×20米 | **练习执行过程要点提示：** 1.指令性教学完全按照练习要求完成。 2.学生能否很好地观察对手的位置。 3.学生能否利用空间，并很好地绕开对手。 4.教学中遇到问题，随时提问。

部分	教学任务与要素	场地布置与安排		
结束部分	**整理放松与分享引导** **目标：** 进行放松活动并做小结。 **方法：** 1.深呼吸练习。 2.放松全身肌肉练习。 **要求：** 散点站位，保持安静。	学生人数	练习时长	场地范围
		40人	10分钟	规定的范围内
		分享与引导： 教师引导学生学会观察，以便掌握与对手之间的距离。		

十二

教学主题： 游戏类 合作类游戏	教学目的：通过练习设计和难度变量提高学生的灵敏、协调能力和速度，培养学生的观察能力。	时长
课次： 第二学期第十二次	教学任务：通过游戏的形式来强调团队意识的重要性，强化学生的传球和运球能力。	40分钟

器材					号衣	⚪	○	⚫	●
数量	0	0	0	0	数量	20	0	0	20
器材	⚽								
数量	20	0	0	2		球员跑动路线	传球路线	运球路线	

部分	教学任务与要素	场地布置与安排
准备部分	**热身活动** **目标：** 通过练习培养学生的观察能力，以及灵敏、协调能力。 **方法：** 1.在场地内设置四个正方形区域。将学生分成四人一组，分配到各自的区域内。 2.游戏开始后，每组第一名学生跑出并抢一球"回家"，与第二名学生击掌接力；最终"家"里有三个球的组胜利。 3.每组每次只能有一名学生跑出，每次只能拿一个球。当中间区域没有球时，可以到任意一"家"抢球。 4.在"家"的学生不能保护"家"里的球并阻止对手。 **要求：** 1.学生必须听清教师的口令，发令后才能出发。 2.在"家"的学生不得用任何方式阻挡对手抢"家"里的球。 3.注意观察对手"家"里球的数量。 **难度与变量：** 1.改手运球为脚运球。 2.改变场地的大小、球的数量。 **注意事项：** 在追逐中不得用力拍打或拉扯对方，要注意安全。	图示： | 学生人数	练习时长	场地范围
40人分2组	15分钟	20米×20米 | **练习执行过程要点提示：** 1.为了增加一些趣味性，可更换口令方式。 2.注意观察场上学生的行为。 3.积极教学，不断激励学生。

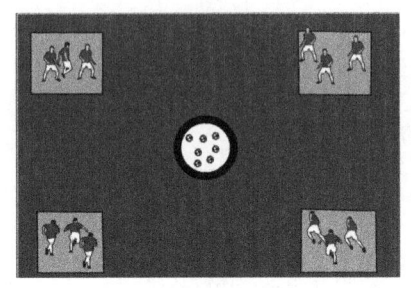

续表

部分	教学任务与要素	场地布置与安排
基本部分	**技术技巧、协调性或对抗练习** **目标：** 通过练习提高学生的传球能力，逐步培养学生的创造力。 **方法：** 1.在场地内设置4个正方形区域。将学生平均分成2组，每组1人站在目标区域内，其余的学生站在区域外。 2.通过团队传球的方式将球传入目标区域得分。 3.如果没有得分，在目标区域内接到球的学生应与传球的学生交换位置。 4.没有球的学生在抢断球后继续进行。 **要求：** 传球要准确。 **难度与变量：** 1.随着学生熟练程度的提高，可以适当增加球的数量。 2.可根据场上情况及时调整学生人数，使每组人数不均等。 3.可改变场地和得分区域的大小。 **注意事项：** 要注意安全。	图示： | 学生人数	练习时长	场地范围
40人分2组	15分钟	20米×20米 | **练习执行过程要点提示：** 1.为了增加一些趣味性，可更换口令方式。 2.在练习的过程中渗透灵敏、协调、变向的方法，并提示重心的重要性。 3.注意观察场上学生的行为。 4.积极教学，不断激励学生。

续表

部分	教学任务与要素	场地布置与安排		
结束部分	**整理放松与分享引导** **目标：** 进行放松活动并做小结。 **方法：** 深呼吸10次，拍打大、小腿肌肉，进行下肢静力压伸。 **要求：** 散点站位，保持安静。	学生人数	练习时长	场地范围
		40人分2组	10分钟	散点站位
		分享与引导： 在练习的过程中培养学生拓展的能力和自主开发游戏的能力，强调规则的重要性。		

室内课程教学内容素材（一）

马拉多纳的故事

课程任务与目标：

以讲述马拉多纳的成长故事，结合提问和讨论的互动方式，使学生了解保持谦卑的性格、拥有一颗仁爱之心的重要性。

马拉多纳全名迭戈·阿曼多·马拉多纳。1969—1973年率"小洋葱头"足球队连续四次获阿根廷全国少年冠军，创140场全胜纪录。1976年入选甲级队（阿根廷青年队）。1977年在联赛中进19个球；首次代表国家队参加与匈牙利队的友谊赛，初露锋芒。1978年在联赛中进26个球，成为"第一射手"，但未能入选国家队参加世界杯。1979年在26场联赛中进26个球，获"最佳射手"称号。1984年以750万美元身价转会意大利那布勒斯队。1985年为那布勒斯队进球14个，获意大利联赛亚军。1986年率阿根廷队第二次参加世界杯，在与英格兰队的比赛中攻入"世纪之球"，最终夺得世界杯冠军，个人独进5球并获"最佳运动员"称号；当年被国际足联评为"世界足球先生"。1989年率那布勒斯队获欧洲"联盟杯"冠军。1990年第三次参加世界杯，在与独联体队的比赛中第二次使出"上帝之手"；在与巴西队的比赛中，以一脚妙传使卡尼吉亚打进获胜一球，被称为"五秒钟的天才"。1992年以750万美元身价转会西班牙塞维利亚队。1993年宣布"挂靴"后，突然以400万美元身价转会阿根廷纽韦尔老人队。1995年执教阿根廷竞技队，辞职后转会博卡青年队，创办世界足球运动员工会。1996年再次宣布"挂靴"。

2010年11月4日，中国红十字基金会在北京与"世界球王"马拉多纳签署协议，聘请他为"温暖中国——贫困肿瘤患者救治行动"的形象大使。签约仪式上，马拉多纳激动地说："能够得到'温暖大使'的称号，这很难得，是我一生中非常重要的时刻，能够为中国癌症患者做一点小小的贡献是非常荣幸的。"他承诺，将把2011年在中国签署的第一个商业代言的收入全部捐赠给中国红十字基金会，用于支持"温暖中国"行动。马拉多纳在现场还即兴为大家表演顶球和颠球，展示了自己扎实的足球功底，赢得了全场人的热烈鼓掌。当著名体育节目主持人韩乔生表示希望他的此次中国之行为中国足球带来好运时，马拉多纳却不忘自己刚刚获得的"温暖大使"的身份，十分委婉地说："现在我们更应该关注癌症患者，他们比足球更重要。"一句话说得大家心里暖暖的。

这时，作为贫困癌症患者代表，来自河南洛阳的淋巴瘤患者——8岁的小男孩陈睿博走上台来。一见小睿博，马拉多纳便立刻上前弯腰将他揽进怀里，不停地亲吻他的额头。他深情地说："我有两个女儿，看到这个孩子，就像看见我女儿。我不忍心看到他被疾病折磨，真心希望一直帮助他！请媒体也来一起帮助这些孩子们，多多关注慈善和癌症患者！"马拉多纳还向小睿博赠送了药品和礼物，并鼓励他勇敢地与病魔做斗争。马拉多纳表达温情和爱心的举动，俨然一个慈祥的父亲，引得一片掌声，很多人都感动得流下了热泪。

随着现场响起一首曲调舒缓的西班牙语歌，马拉多纳情不自禁地跟着唱了起来。唱完，他用略显忧伤的语调说："这首歌是我一位朋友生命垂危时，我在阿根廷的一期节目中演唱的，最终这位朋友没有战胜病魔……我想，要不就是我唱得太差了，不然就是爱神把他带走了。我希望中国的肿瘤患者都战胜病魔。不管我做多做少，只要中国需要我，我一定来！"

还有一幕也颇为感人。在此前举行的马拉多纳"全球首次午餐权"拍卖会上，有一位来自中国香港的普通职员廖女士。早在1990年的意大利世界杯赛上，当时还不到15岁的廖女士就深深喜欢上了马拉多纳，一喜欢就是20多年；如今，早已成年的廖女士依然是马拉多纳的铁杆粉丝。当得知马拉多纳的"全球午餐权"拍卖会在北京举行的时候，廖女士特意请假从香港赶到北京参加竞拍，却由于只能拿出16.8万元而流拍，而16.8万元是她能承受的底线，也是她的全部积蓄。"午餐权"最终被一家企业以20万元的价格拍走。所以，这对于廖女士不能不说是一个遗憾。

为帮助廖女士圆梦，主办方特意安排廖女士参加了当天的活动。廖女士上台一见马拉多纳，就情不自禁地哭了出来："喜欢你20多年了，你是我心中的英雄！"马拉多纳立即拥抱了廖女士。廖女士还拿出了一封早就用西班牙文写好的信交给马拉多纳。马拉多纳再次拥抱了廖女士，并当场承诺单独请这位如此忠实的粉丝吃饭。

竞拍午餐不成，却换来马拉多纳的盛情邀请，廖女士的心愿终于完成了。人们不由得再次为马拉多纳的温情所感动。

原文出自新浪财经《马拉多纳——伟大的球员和激进的斗士》
https://finance.sina.com.cn/wm/2020-11-28/doc-iiznctke3765899.shtml

预设问题：

1.哪些做法属于"有爱心的举动"？

2.我们在平日里该如何培养自己热情而谦逊的品格？如何使自己成为一个真正有爱心的人？

3.在同学需要帮助时，你会不会给予他拥抱？你会怎么做？会说些什么？

课程资源：

电影《一代球王马拉多纳》

课堂互动与准备：

1.问题1和问题2需要分小组进行讨论，讨论后由代表回答，其他学生补充；教师应引导讨论。

2.需准备多媒体设备，在讲述开始前播放有关视频。

3.可提前对马拉多纳自身情况及取得的成就进行介绍，也可对世界杯赛事的影响力进行描述。

室内课程教学内容素材（二）

课程名称：足球竞赛规则（一）

课程任务与目标：
以讲述足球竞赛规则，结合提问和讨论的互动方式，使学生了解足球比赛中的竞技规则，并在比赛实践中加以应用。

足球运动源远流长，其技术、战术、竞赛规则等都是逐渐发展起来的。早期的足球运动只停留在游戏层面上，无所谓技术、战术，没有统一的比赛规则，在比赛中甚至不限制身体的任何部位触球。1848年，剑桥大学的14名学生共同制定了一套足球的游戏规则，也就是足球史上有名的"剑桥规则"。"剑桥规则"第一次以书面形式明确规定：足球是一项手臂以外部位触球的运动。1863年10月26日，英国人在伦敦皇后大街弗里马森旅馆成立了世界上第一个足球协会——英格兰足球协会。会上除了宣布英格兰足协正式成立，还制定并通过了世界上第一部较为统一的足球竞赛规则，以文字形式被记载下来。

一、足球的竞赛规则

（一）《足球竞赛规则》的制定和修改

国际足球联合会委员会成员包括英格兰足球协会、苏格兰足球协会、威尔士足球协会、爱尔兰足球协会，从上述4个协会中挑选一名成员代表；从国际足球联合会（FIFA）挑选4名成员。由上述5人组成的委员会负责《足球竞赛规则》的制定和修改。

（二）《足球竞赛规则》的组成

《足球竞赛规则》由17章组成，后面还包括一些图解等。17章分别为比赛场地、球、队员人数、队员装备、裁判员、助理裁判员、比赛时间、比赛开始和重新开始、比赛进行和死球、计胜方法、越位、犯规与不正当行为、任意球、罚球点球、掷界外球、球门球、角球。

二、足球比赛的基本要素

（一）比赛场地

1. 尺寸：比赛场地应为长方形，其长度不得大于120米或小于90米，宽度不得大于90米或小于45米（国际比赛的场地长度不得大于110米或小于100米，宽度不得大于75米或小于64米）。在任何情况下，比赛场地的长度都必须超过宽度。

2. 场地标记：应按照平面图在比赛场地上画出清晰的线条，线宽不得超过12厘米。较长的两条线叫"边线"，较短的叫"球门线"。画在场地中间的一条横穿球场的线叫"中线"。以场地中央为圆心，以9.15米为半径画一个圆，即"中圈"。

3. 球门区：在比赛场地两端距球门柱内侧5.50米处的球门线上，向场内各画一条长5.50米、与球门线垂直的线，一端与球门线相接，在另一端画一条连接线，与球门线平行，这三条线与球门线范围内的区域为"球门区"。

4. 罚球区：在比赛场地两端距球门柱内侧16.50米处的球门线上，向场内各画一条长16.50米、与球门线垂直的线，一端与球门线相接，在另一端画一条连接线，与球门线平行，这三条线与球门线范围内的区域叫"罚球区"。在两球门线中点处分别垂直向场内量11米，各做一个清晰的标记，为"罚球点"。以罚球点为圆心，以9.15米为半径，在罚球区外画一段弧线，为"罚球弧"。

5.角球弧：以边线和球门线交叉点为圆心，以1米为半径，向场内各画一段四分之一的圆弧，弧内的区域叫"角球区"。

6.球门：球门应设在每条球门线的中央，由两根相距7.32米、与角旗点距离相等的直立门柱，以及一根下沿离地面2.44米的水平横木连接组成。为确保安全，无论是固定球门还是可移动球门，都必须稳定地固定在场地上。门柱及横木的宽度和厚度均应对称相等，不得超过12厘米。

（二）球

球形；用皮革或者其他适当的材料制成；周长不得超过70厘米，小于68厘米；重量在比赛的时候不大于450克，不小于410克；压力在平面上等于0.6—1.1个大气压。

（三）队员人数

一场比赛必须有两个队参加，每队上场队员不得多于11名，其中一名必须为守门员。如果任何一个队少于7人，则比赛不能开始。在正式的国际足联、洲际联合会和国家协会主办的正式比赛中，每场比赛最多可以使用3名替补队员（一共有7名替补队员）。

（四）队员装备

运动员不得佩戴并使用任何有可能危及自己或者其他队员的装备和物品。基本装备包括运动上衣、短裤、护袜、护腿板、足球鞋。注意，守门员的服装颜色必须有别于其他队员和裁判员。

（五）裁判员和助理裁判员

（六）比赛时间

比赛分为两个半场，每半场45分钟，中场休息不得超过15分钟；加时赛分为两个半场，每半场15分钟。

（七）比赛开始和重新开始

（八）比赛进行和死球

如有下列情况，可判定为死球：

当球从空中或地面整体越过球门线或边线时，当比赛被裁判员叫停时。

其他情况均为比赛进行时，包括球从球门柱、横梁或者角旗杆弹回场内，球从比赛场地中的裁判员或者助理裁判员身上弹回场内。

（九）计胜方法

在比赛中进球较多的队为胜者，如果两队进球数相等或者都没有进球则为平局。在竞赛规程中应该说明，当比赛为平局的时候应该采用什么方法决定胜负。

进球：当球整体从球门柱间及横梁下越过球门线，而此前未违反竞赛规则，即为进球有效。

三、越位

（一）越位位置

1. 处于对方半场内。

2. 球更接近对方球门线。

3. 在该队员和对方球门线之间，对方队员不足两人。

（二）越位犯规

处于越位位置的队员，在同队队员踢球或触球的一瞬间，裁判员认为他们有下列情况而"卷入"了现实比赛时才被视为越位犯规：

1. 干扰比赛。

2. 干扰对方。

3. 利用越位位置获得利益。

（三）非越位犯规行为

处于越位位置的队员直接接到同队队员的球门球、界外球和角球的时候，则不构成越位犯规。

（四）关于越位的判罚

处于越位位置的时间是同队队员踢或触球的一瞬间，而不是该队队员接球的一瞬间。

需要注意的情况：

1. 队员因处于越位位置而暂时跑出球场，向裁判表明他不参与比赛，是不犯规的。但是，如果裁判员认为该队员出于战术目的，或者出场后又随即进场比赛，应判为越位。

2. 攻方某队员处于与球平行的位置，不属于越位。

3. 在守方队员故意退出场外造成攻方队员越位的情况下，该攻方队员接球并射入球门，应判进球有效。而后裁判员应警告该队员。

4. 攻方队员在与对方倒数第二名队员平行的位置上，不属于越位。

5. 攻方某队员有一只脚跨过了中线，该队员即处于越位位置。如果队员一只脚或两只脚踩在中线上，则不属于越位。

6. 处于越位位置的队员接到守方队员有意回传球，不应被判为越位。

7. 攻方队员带球射门进球或者发直接任意球，直接射中的同时，同队队员处于越位位置。只要不干扰守门员接球或防守，应判进球有效。如果射出的球从门框或守门员身上弹回到越位位置队员脚下而触球，应判越位犯规。

参考文献：

[1] 中国足球协会.足球竞赛规则分析与裁判法 [M].北京：人民体育出版社，2013.

[2] 谭海，陆俊，刘铁军.足球竞赛规则问题解答 [M].北京：人民体育出版社，2009.

预设问题：

1.足球的竞赛规则有什么？

2.如何在比赛中利用竞赛规则？

课堂互动与准备：

1.需要分小组进行讨论，讨论后由代表回答，其他学生补充；教师应引导讨论。

2.需准备多媒体设备，在讲述开始前播放有关视频。

3.可提前对足球规则的具体情况进行介绍。

室内课程教学内容素材（三）

课程名称：足球运动欣赏

课程任务与目标：

以足球运动欣赏结合提问和讨论的互动方式，使学生对足球运动有较深的自我理解。

一、情境导入（课件演示）

播放2010年世界杯主题曲《哇咔哇咔（非洲时刻）》并展示吉祥物图片，让学生随着激昂的歌声展开想象的翅膀。

提问：这首歌是什么歌？

提示1：这个吉祥物大家熟悉吗？（2010年世界杯吉祥物）

提示2：这个图案大家认识吗？（2010年世界杯会徽）

学生回答。

揭晓答案：《非洲时刻》。

2010年世界杯主题歌，是在世界杯开幕式和闭幕式上演唱的，由哥伦比亚歌手夏奇拉演唱。

引入课题：足球运动欣赏。

二、古代足球的萌芽与发展

2004年初，国际足联确认足球起源于中国，"蹴鞠"是有史料记载的最早的足球运动。《战国策》和《史记》是最早记录蹴鞠的文献典籍。前者描述了2300多年前的春秋时期，齐国都城临淄流行蹴鞠活动；后者则记载，蹴鞠是当时训练士兵、考查将士体格的方式。因此，也可以说中国山东的淄博（即临淄）是古代足球运动的发源地。

教师总结：我国不仅有四大发明，足球运动也起源于我国。2004年国际足联宣布足球运动起源于中国，中国古代的"蹴鞠"就是足球的前身，它在中华民族文化史上闪耀着不灭的光辉。

展示国际足联颁发的证书，以及有关蹴鞠比赛的一些文物和复原图片。

教师提问：那么现代足球诞生在哪儿呢？

三、现代足球的诞生

现代足球运动发源于英国的剑桥大学。从8世纪到19世纪，现代足球运动的前身以各种方式在欧洲存在着，直到1863年10月26日世界上第一个足球协会在英国成立，即英格兰足球协会。因此，人们公认1863年10月26日为现代足球的诞生日。从1900年第二届奥运会开始，足球被列为奥运会正式比赛项目。

我国足球运动始于20世纪。1910年在南京举办的第一届全国运动会上，足球被列为正式比赛项目；1954年开始举行全国足球联赛；1994年起实行甲A、甲B联赛；2004年起实行中超、中甲足球联赛；1988年，中国足球第一次进入奥运会男足决赛圈；2002年，中国首次进入世界杯足球锦标赛决赛圈。

四、世界杯的来历

1929年5月18日，在西班牙巴塞罗那举行的国际足联会议通过了震撼世界的决定：设立世界杯足球赛。第一届世界杯足球赛将于1930年7月在南美洲的乌拉圭举行，以后每隔4年举行一次。

能够观赏到世界上最高水平的足球赛事，也促进了足球运动的普及。俗话说"内行看门道，外行看热闹"，为了提高学生的观赏水平，教师可通过视频等方式介绍一些足球常用的技战术。

五、观看视频

参考文献：

[1] [英]大卫·戈德布拉特.足球百科[M].北京：中国地图出版社，2016.

[2] 宋兆麟.蹴鞠——中国古代的足球[M].北京：商务印书馆，2017.

预设问题：

1.讲述我国古代蹴鞠与现代足球的来历。

2.讲述世界杯的来历。

第六部分

第三学期教学实例

一

教学主题： 游戏类 传递游戏	教学目的：通过练习增强小组合作的能力，在沟通中保持运动的状态和注意力。	时长
课次： 第三学期第一次	教学任务：通过练习培养学生对足球运动的本体感觉、用余光迅速盯住球的能力，以及接传球的意识。	40分钟

器材	▦	▭	⊥	⚑	号衣	●	○	●	●
数量	2	0	0	0	数量	20	0	20	0
器材	⚽	🔺	▲	⬭	┅┅➤	⟶	〜〜		
数量	20	10	40	0	球员跑动路线	传球路线	运球路线		

部分	教学任务与要素	场地布置与安排
准备部分	**热身活动** **目标：** 培养学生在运动中保持彼此沟通、交流的能力，并保持注意力。 **方法：** 1.每组2名学生面对面站立，并保持一定距离，以3—5米为宜。 2.每名学生手持一球；当教师发出口令，同时向对方抛出自己手中的球，并迅速接住对方朝自己抛过来的球。 **要求：** 1.抛球和接球的过程中尽量用双手触球。 2.尽量避免同方向、同位置抛球，防止两球相撞误伤学生。 **难度与变量：** 1.可将足球替换成其他物品。 2.可调整双方之间的距离。 **注意事项：** 1.双方相互抛球时注意避免两球相撞。 2.抛接球的过程中要随时交流、沟通。 3.要注意安全。	图示： | 学生人数	练习时长	场地范围
40人	15分钟	20米×20米 | **练习执行过程要点提示：** 1.为了增加一些趣味性，可更换口令方式。 2.注意观察场上学生的行为。 3.积极教学，不断激励学生。

续表

部分	教学任务与要素	场地布置与安排
基本部分	**技术技巧、协调性或对抗练习** **目标：** 通过课堂练习增强每个小组成员之间的语言表达和默契程度，培养球感和灵敏性。 **方法：** 1.每组2名学生面对面站立，并保持一定距离，以3—5米为宜。 2.教师发出口令后，一名学生朝对面的学生抛出手中的球。 3.球在空中的同时，另一名学生用脚向抛球者方向进行短传球，抛球者接球后立即回传。 4.抛球者在回传之后迅速接住下落的球。 **要求：** 1.传球的过程中注意力要集中；传球要平稳、准确，避免急躁。 2.两名学生要及时沟通，及时对失误做出调整和规划。 **难度与变量：** 1.在练习的过程中调整双方之间的距离。 2.尝试抛球和短传球同时进行。 **注意事项：** 1.双方相互抛球时注意避免两球相撞。 2.抛接球的过程中双方要随时交流、沟通。 3.跑动的过程中要注意安全。	**图示：** | 学生人数	练习时长	场地范围
40人	15分钟	20米×20米 | **练习执行过程要点提示：** 1.为了增加一些趣味性，可更换口令方式。 2.注意观察场上学生的行为。 3.积极教学，不断激励学生。

续表

部分	教学任务与要素	场地布置与安排		
结束部分	**整理放松与分享引导** **目标：** 进行放松活动并做小结。 **方法：** 深呼吸10次，拍打大、小腿肌肉，进行下肢静力压伸。 **要求：** 散点站位，保持安静。	学生人数	练习时长	场地范围
		40人分2组	10分钟	散点站位
		分享与引导： 在练习的过程中培养学生拓展的能力和自主开发游戏的能力，强调规则的重要性。		

二

教学主题： 游戏类 竞速游戏	教学目的：通过练习，在无压力或竞争的情况下培养学生穿过空间的带球技能和速度。	时长
课次： 第三学期第二次	教学任务：训练学生的间接视野，在练习中提高学生的运控球能力。	40分钟

器材	▦	▦	⚖	⚑	号衣	⬤	○	⬤	●
数量	2	0	0	0	数量	20	0	0	20
器材	⚽	▼	▲	○	⇢	→	∼	
数量	40	11	40	0	球员跑动路线	传球路线	运球路线	

部分	教学任务与要素	场地布置与安排
准备部分	**热身活动** **目标：** 通过练习培养学生在没有防守压力的情况下穿过空间的带球技能和速度。 **方法：** 1.在场地内设置一定的区域，学生在区域内自由运球。 2.教师发出口令后，学生快速地从区域内运球到区域外视为成功。 3.当教师再次发出口令时，所有学生迅速从区域外运球到区域内视为成功。 **要求：** 1.须在教师指定的区域内进行运球练习，培养学生场地运用和空间整体的相关意识。 2.运球时提醒学生注意观察同伴的位置，避免在快速运球中发生碰撞。 3.在运球中培养球感，保持球在自己的控制范围内。 **难度与变量：** 1.改变场地的大小。 2.增加难度，缩小区域运球过线。 **注意事项：** 听到教师的口令时要避免发生碰撞，注意安全。	图示： | 学生人数	练习时长	场地范围
40人	15分钟	20米×20米 | **练习执行过程要点提示：** 1.为了增加一些趣味性，可更换口令方式。 2.注意观察场上学生的行为。 3.积极教学，不断激励学生。

续表

部分	教学任务与要素	场地布置与安排
基本部分	**技术技巧、协调性或对抗练习** **目标：** 通过练习培养学生在轻微的防守压力下的带球技能和反应速度。 **方法：** 1.在场地内设置一块边长为10米的正方形区域，在其4个直角内均放置一个标志桶；将速度相当的两名学生分成一组，对角站立。可在多块场地轮流进行。 2.教师发出信号后，两名学生顺时针沿正方形外围运球。一名学生围绕正方形跑动，另一名学生则追逐跑动的学生。 3.当教师发出第二次信号时，被追逐的学生可围绕正方形自由跑动，顺时针、逆时针均可。 4.当教师发出第三次信号时，游戏结束。 **要求：** 1.在跑动的过程中注意双脚对球的控制，避免因速度过快而失球。 2.在规定区域内跑动运球。 **难度与变量：** 1.可改变场地的大小，如将20×20米改为25×25米或15×15米。 2.调整双方之间的距离。 **注意事项：** 要注意安全。	图示： | 学生人数	练习时长	场地范围
40人	15分钟	20米×20米 | **练习执行过程要点提示：** 1.为了增加一些趣味性，可更换口令方式。 2.注意观察场上学生的行为。 3.积极教学，不断激励学生。

续表

部分	教学任务与要素	场地布置与安排		
结束部分	**整理放松与分享引导** **目标：** 进行放松活动并做小结。 **方法：** 深呼吸10次，拍打大、小腿拍打大、小腿肌肉，进行下肢静力压伸。 **要求：** 散点站位，保持安静。	学生人数	练习时长	场地范围
		40人	10分钟	散点站位
		分享与引导： 在练习的过程中，以启发式、引导式教学为主；培养学生自主开发游戏的能力；强调规则的重要性。		

三

教学主题： 技术类 竞速游戏	教学目的：通过练习，在无压力或竞争的情况下培养学生穿过空间的带球技能和速度。	时长
课次： 第三学期第三次	教学任务：训练学生的间接视野，在练习中提高学生的运控球能力。	40分钟

器材	▬	▭	⚊	⚑	号衣	○	○	●	●
数量	2	0	0	2	数量	10	10	10	10
器材	⚽	▲	▲	○	┄┄►	──►	～～	
数量	40	20	20	0	球员跑动路线	传球路线	运球路线	

部分	教学任务与要素	场地布置与安排
准备部分	**热身活动** **目标：** 通过练习培养学生在有防守压力的情况下穿过空间的带球技能和速度。 **方法：** 1.在场地内设置一定的区域，学生在区域内自由运球。 2.当教师发出口令后，学生快速地从区域内运球到区域外视为成功；同时防守人进行抢球。 3.当教师再次发出口令时，所有学生迅速从区域外运球到区域内视为成功。 **要求：** 1.在规定区域内运球，使学生具有场地、空间规则意识。 2.运球时注意观察对面和身边同伴的位置，避免发生碰撞。 3.运球时要保持球在自己的控制范围内。 **难度与变量：** 1.改变场地的大小。 2.调整双方之间的距离。 **注意事项：** 听到教师的口令时要避免发生碰撞，注意安全。	图示： | 学生人数	练习时长	场地范围
40人	15分钟	20米×20米 | **练习执行过程要点提示：** 1.为了增加一些趣味性，可换口令方式。 2.注意观察场上学生的行为。 3.积极教学，不断激励学生。

续表

部分	教学任务与要素	场地布置与安排
基本部分	**技术技巧、协调性或对抗练习** **目标：** 通过练习培养学生在轻微的防守压力下的带球技能和反应速度。 **方法：** 1. 在场地内设置一块边长为10米的正方形区域，在其4个直角内均放置一个标志桶；将速度相当的两名学生分成一组，对角站立。 2. 教师发出信号后，两名学生顺时针沿正方形外围运球。一名学生围绕正方形跑动，另一名学生则追逐跑动的学生。 3. 在正方形中设置一条通道，只允许追逐者进入，跑动者不可进入。 4. 当跑动者被追逐者拍到，双方交换角色。 **要求：** 在跑动的过程中注意双脚对球的控制，避免因速度过快而失球。 **难度与变量：** 1. 可改变场地的大小。 2. 调整双方之间的距离。 **注意事项：** 要注意安全。	图示： | 学生人数	练习时长	场地范围
40人	15分钟	20米×20米 | **练习执行过程要点提示：** 1. 为了增加一些趣味性，可更换口令方式。 2. 注意观察场上学生的行为。 3. 积极教学，不断激励学生。

续表

部分	教学任务与要素	场地布置与安排		
结束部分	**整理放松与分享引导** **目标：** 进行放松活动并做小结。 **方法：** 深呼吸10次，拍打大、小腿肌肉，进行下肢静力压伸。 **要求：** 散点站位，保持安静。	学生人数	练习时长	场地范围
		40人	10分钟	散点站位
		分享与引导： 在练习的过程中培养学生拓展的能力和自主开发游戏的能力，强调规则的重要性。		

四

教学主题： 对抗类 比赛与对抗	教学目的：以小比赛的形式使学生体会合作的快乐。	时长
课次： 第三学期第四次	教学任务：运用学过的动作技术进行小比赛。	40分钟

器材	▬▬	▭▭▭	⊢•⊣	⚑	号衣	●	○	●	●
数量	2	0	0	0	数量	20	0	20	0
器材	⚽	▲	▲	⬭	╌╌▶		───▶	∼∼▶	
数量	20	20	40	0	球员跑动路线		传球路线	运球路线	

部分	教学任务与要素	场地布置与安排
准备部分	**热身活动** **目标：** 通过"大鱼网"游戏，培养学生的躲闪能力、观察目标的能力和合作能力。 **方法：** 1.讲解游戏规则及要求。 2.任选两名学生作为"鱼网"，开始游戏。 3.第一轮游戏结束时更换两名学生作为"鱼网"。 **要求：** 1.不能用手抓牢其他学生，触碰到即可。 2.被抓到的学生要及时停下来。 3.在规定的范围内跑动。 **难度与变量：** 作为"鱼网"的人数由少到多。想不被抓到，要观察到多方面。 **注意事项：** 跑动时要注意安全。	图示： | 学生人数	练习时长	场地范围
40人分4组	10分钟	15米×20米 | **练习执行过程要点提示：** 1.注意观察场上学生的行为。 2.提醒学生的动作。 3.及时鼓励学生。

续表

部分	教学任务与要素	场地布置与安排
基本部分	**技术技巧、协调性或对抗练习** **目标：** 通过在场地内练习，学生可学会发现对手、摆脱对手的方法，加深队友之间的合作，合理运用个人技术与团队配合。 **方法：** 1.以两人一组将学生分成若干组，在场地周围均匀地设置几个小球门。 2.学生两人一组进行行进间一对一练习。 3.在规定的场地内进行练习。 **难度与变量：** 在摆脱防守队员后，可迅速将球踢进球门。 **注意事项：** 抢球队员动作不宜过大，防止与其他组队员相撞。	图示： | 学生人数	练习时长	场地范围
40人	20分钟	15米×20米 | **练习执行过程要点提示：** 1.指令性教学完全按照练习要求完成。 2.学生能否很好地观察对手的位置。 3.学生能否利用空间，并很好地绕开对手。 4.教学中遇到问题，随时提问。

续表

部分	教学任务与要素	场地布置与安排		
结束部分	**整理放松与分享引导** **目标：** 进行放松活动并做小结。 **方法：** 1. 深呼吸练习。 2. 放松全身肌肉练习。 **要求：** 散点站位，保持安静。	学生人数	练习时长	场地范围
:::	:::	40人	10分钟	规定的范围内
:::	:::	**分享与引导：** 引导学生学会观察，以便掌握与对手之间的距离。		

五

教学主题： 技术类 慢速运球练习	教学目的：使学生初步掌握简单的运球技术。	时长
课次： 第三学期第五次	教学任务：通过本次课的运球练习，学生可以在慢速高频率的初步运球中找准触球部位。	40分钟

器材					号衣				
数量	0	0	0	2	数量	0	0	0	0
器材									
数量	40	10	20	0	球员跑动路线		传球路线		运球路线

部分	教学任务与要素	场地布置与安排
准备部分	**热身活动** **目标：** 通过热身，学生可以保持良好的身体状态，了解热身活动的重要性，避免受伤。 **方法：** 1.提前将活动的内容、注意事项等告知学生。 2.带领学生活动全身大、小关节，调动他们参加活动的积极性。 3.指导学生用脚的各个部位触球，但脚不能离开球；进行胯下左、右脚传球和左、右脚交替踩球练习。 4.指导学生进行左、右脚交替向后拉球练习。 **要求：** 动作要到位、快速、灵活，注意抬头。 **难度与变量：** 1.四八拍热身。 2.三分钟练习。 **注意事项：** 1.提示动作要领和每个部位活动的具体动作。 2.注意踩球的力量，防止摔倒。	图示： | 学生人数	练习时长	场地范围 | |---|---|---| | 40人 | 10分钟 | 20米×20米 | **练习执行过程要点提示：** 观察学生的整个练习过程，如果学生的动作没有到位，要进行适时的提示，并示范正确的动作。

续表

部分	教学任务与要素	场地布置与安排
基本部分	**技术技巧、协调性或对抗练习** **目标：** 让学生初步体会在慢速运球中脚的各个部位触球的感觉和身体各方面的协调配合。 **方法：** 1.脚背正面运球。 2.脚背内侧运球。 3.脚背外侧运球。 **要求：** 1.触球部位准确。 2.身体协调。 3.动作连贯。 **难度与变量：** 在学生逐渐熟练后，提示学生提高触球频率。 **注意事项：** 在运球练习中提示学生抬头运球。	图示： | 学生人数	练习时长	场地范围
40人分4组	20分钟	20米×20米 | **练习执行过程要点提示：** 1.在熟悉球性的练习中提示学生抬头。 2.观察学生练习中出现的问题，及时进行示范。

续表

部分	教学任务与要素	场地布置与安排		
结束部分	**整理放松与分享引导** **目标：** 进行放松活动并做小结。 **方法：** 进行伸拉练习。 **要求：** 散点站位，保持安静。	学生人数	练习时长	场地范围
		40人	10分钟	近距离散点站位
		分享与引导： 在练习的过程中提示学生充分利用场地，抬头观察并寻找队友。		

六

教学主题： 对抗类 对抗与比赛	教学目的：将学过的技术和动作充分运用到比赛当中。	时长
课次： 第三学期第六次	教学任务：使学生做到以不同方式运球。	40分钟

器材	▬	⊥⊥⊥⊥	⊸⊶	⚐	号衣	○	○	●	●
数量	0	0	0	0	数量	10	10	10	10
器材	⚽	▼	▲	◯	┄┄►		──►		～►
数量	40	32	40	0	球员跑动路线		传球路线		运球路线

部分	教学任务与要素	场地布置与安排
准备部分	**热身活动** **目标：** 在规定区域内，学生能够将自己的球控制在一定的范围内，掌握基本的运球、控球技能。 **方法：** 1.在练习开始前做好下肢准备活动。 2.在小场地内连续躲人、运球躲人，球在可控范围内。 3.在场地区域内运球、变向运球。 **要求：** 1.运球的过程中要及时躲闪，不得与其他队员发生触碰。 2.在规定的场地内运球、变向运球。 3.统一听从教师的口令。 4.在运球的过程中防止球丢失。 5.在运球的同时不触碰到其他队员。 **注意事项：** 跑动时注意自身安全和他人安全。	图示： | 学生人数	练习时长	场地范围
40人	10分钟	15米×20米 | **练习执行过程要点提示：** 1.注意观察场上学生的行为。 2.提醒学生的动作。 3.及时鼓励学生。

续表

部分	教学任务与要素	场地布置与安排
基本部分	**技术技巧、协调性或对抗练习** **目标：** 在运球练习中观察对手的位置，充分利用场地空间学会相互配合。 **方法：** 1.在规定区域内利用多球门小场地进行比赛。 2.双方轮流攻防。 3.进攻队员要敢于过人，大范围传球，大胆射门。 **要求：** 传球到位，跑动到位。 **注意事项：** 跑动时要注意安全。	图示： | 学生人数	练习时长	场地范围
40人分4组	20分钟	15米×20米 | **练习执行过程要点提示：** 1.指令性教学完全按照练习要求完成。 2.学生能否很好地观察对手的位置。 3.学生能否利用空间，并很好地绕开对手。 4.教学中遇到问题，随时提问。

续表

部分	教学任务与要素	场地布置与安排		
结束部分	**整理放松与分享引导** **目标：** 进行放松活动并做小结。 **方法：** 1.深呼吸练习。 2.放松全身肌肉练习。 **要求：** 散点站位，保持安静。	学生人数 40人	练习时长 10分钟	场地范围 规定的范围内
		分享与引导： 引导学生学会观察，以便掌握与对手之间的距离。		

七

教学主题： 技术类 近距离踢接球	教学目的：使学生领会脚内侧踢球的动作要领，初步掌握接球技巧。	时长
课次： 第三学期第七次	教学任务：初步练习踢接球，让学生找准脚内侧踢球、接球的准确部位。	40分钟

器材					号衣	◐	○	●	●
数量	0	2	0	0	数量	0	20	0	20
器材									
数量	40	5	40	0	球员跑动路线		传球路线		运球路线

部分	教学任务与要素	场地布置与安排
准备部分	**热身活动** **目标：** 经过热身，学生可在本次课中保持良好的身体状态，避免受伤。 **方法：** 1.提前将活动的内容、注意事项等告知学生。 2.带领学生活动全身大、小关节，调动他们参加活动的积极性。 3.带领学生在原地进行无球模仿练习，再过渡到有球练习。 **要求：** 动作要到位、快速、灵活。 **难度与变量：** 1.四八拍热身。 2.三分钟练习。 **注意事项：** 提示动作要领及每个部位活动的具体动作。	图示： | 学生人数	练习时长	场地范围 | |---|---|---| | 40人 | 10分钟 | 20米×20米 | **练习执行过程要点提示：** 观察学生的整个练习过程，如果学生的动作没有到位，要进行适时的提示，并示范正确的动作。

续表

部分	教学任务与要素	场地布置与安排
基本部分	**技术技巧、协调性或对抗练习** **目标：** 让学生在练习的过程中初步体会用脚的各个部位触球的感觉。 **方法：** 1.让学生看图研究脚内侧传接球技术要领。 2.请个别学生演示技术动作，其他学生观摩学习。 3.分小组进行三角传球练习、四角传球练习和五角星传球练习，让学生体验脚内侧传接球的协调发力和击球部位。 **要求：** 1.支撑脚的脚尖与出球方向一致，并在球侧10—15厘米处。 2.注意踢球腿的摆动。 3.屈膝外展向前击球。 4.脚内侧击球、接球的触球位置要准确。 **难度与变量：** 可根据学生的学习情况增加练习难度，如变换练习阵形。 **注意事项：** 保持直线运球。	图示： | 学生人数	练习时长	场地范围
40人分4组	20分钟	20米×20米 | **练习执行过程要点提示：** 1.在熟悉球性的练习中提示学生抬头。 2.提示学生做到动作标准、到位。 3.观察学生练习中出现的问题，及时进行示范。

续表

部分	教学任务与要素	场地布置与安排			
结束部分	**整理放松与分享引导** **目标：** 进行放松活动并做小结。 **方法：** 进行伸拉练习。 **要求：** 散点站位，保持安静。	学生人数	练习时长	场地范围	
^	^	40人	10分钟	近距离散点站位	
^	^	**分享与引导：** 用图解的方式让学生对脚触球部位有直观的了解。			

八

教学主题： 对抗类 对抗与比赛	教学目的：利用运球、传球技术进行对抗练习，提高学习兴趣。	时长
课次： 第三学期第八次	教学任务：在运球、传球的基础上进行对抗练习。	40分钟

器材					号衣	○	○	●	●
数量	0	0	0	0	数量	10	10	10	10
器材									
数量	40	20	40	0	球员跑动路线		传球路线		运球路线

部分	教学任务与要素	场地布置与安排
准备部分	**热身活动** **目标：** 使学生及时躲闪其他运球队员。 **方法：** 1.训练学生运球躲闪的能力，控制好自己的球。 2.将学生分成10—15人一组。有2—3名队员手拿号衣，脚下运球，眼睛要观察其他队员的位置，想办法触碰其他队员；其他队员要边运球，边躲闪拿号衣的队员。 **要求：** 使学生控制自己的球，快速、灵活地躲闪拿号衣的队员。 **注意事项：** 在规定的范围内运球，避免发生碰撞。	图示： | 学生人数	练习时长	场地范围
40人	10分钟	15米×20米 | **练习执行过程要点提示：** 观察学生的运球行进方向，鼓励不断变向穿行、双脚多部位触球的行为。

续表

部分	教学任务与要素	场地布置与安排
基本部分	**技术技巧、协调性或对抗练习** **目标：** 在练习的过程中增强学生的集体意识，提高学生的运球过人、传球的个人技能。 **方法：** 1. 以五人一组将学生分成若干组。 2. 讲解如何进行五人对抗比赛。 **要求：** 1. 通过练习，学生敢于过人或传球，大胆射门。 2. 一方进球后，回到本方场地接守门员的传球，再进攻。 3. 输球方队员下场，换另一方队员上场。 4. 多场地同时进行。 **难度与变量：** 1. 攻、守转换时应马上进行反抢。 2. 输球一方和替换一方的衔接要快。 3. 大范围转移球是要突破的难点。 **注意事项：** 要控制好球，进攻、防守动作不宜过大。	图示： | 学生人数	练习时长	场地范围
40人	20分钟	15米×20米 | **练习执行过程要点提示：** 1. 指令性教学完全按照练习要求完成。 2. 学生能否很好地观察对手的位置。 3. 学生能否利用空间，并很好地绕开对手。 4. 教学中遇到问题，随时提问。

续表

部分	教学任务与要素	场地布置与安排		
结束部分	**整理放松与分享引导** **目标:** 进行放松活动并做小结。 **方法:** 1. 深呼吸练习。 2. 放松全身肌肉练习。 **要求:** 散点站位, 保持安静。	学生人数	练习时长	场地范围
		40人	10分钟	规定的范围内
		分享与引导: 引导学生学会观察, 以便掌握与对手之间的距离。		

九

教学主题: 技术类 直线运球与运动中停球	教学目的: 使学生体会脚背外侧、脚背正面、脚背内侧和脚内侧触球的感觉, 并掌握相关技能。	时长
课次: 第三学期第九次	教学任务: 脚正面直线运球, 脚侧面、双脚交替直线运球。	40分钟

器材	▬	▭	⚊	⚑	号衣	●	○	●	●
数量	0	2	0	0	数量	0	20	0	20
器材	⚽	▲	▲	⬭	┈┈▶	──▶	～～	
数量	40	20	18	0	球员跑动路线	传球路线	运球路线	

部分	教学任务与要素	场地布置与安排
准备部分	**热身活动** **目标：** 经过热身，学生可在本次课中保持良好的身体状态，避免受伤。 **方法：** 1.提前将活动的内容、注意事项等告知学生。 2.带领学生活动全身大、小关节，调动他们参加活动的积极性。 3.复习球性练习：用脚的各个部位触球，但脚不能离开球；胯下左、右脚传球；左、右脚交替踩球。 4.左、右脚交替向后拉球。 **要求：** 动作要到位、快速、灵活，注意抬头。 **难度与变量：** 1.四八拍热身。 2.三分钟练习。 **注意事项：** 提示动作要领及每个部位活动的具体动作。	图示： | 学生人数	练习时长	场地范围
40人	10分钟	20米×20米 | **练习执行过程要点提示：** 观察学生的整个练习过程，如果学生的动作没有到位，要进行适时的提示，并示范正确的动作。

续表

部分	教学任务与要素	场地布置与安排
基本部分	**技术技巧、协调性或对抗练习** **目标：** 让学生在练习的过程中初步掌握运球及停球的触球部位。 **方法：** 1.教师完整地示范，使学生建立完整的动作概念。 2.教师分步进行示范，并详细讲解。重点强调全身动作协调，脚尖与球的接触部位，蹬、摆、推、拨等动作。 3.学生做无球的跑动模仿练习，注意全身协调、放松，重心降低。 4.学生每人一球进行运球，运球前仔细回忆脚背正面运球的要领。 5.学生进行脚背正面运球技术练习。 6.教师强调运球时尽量抬头，扩大视野。 **要求：** 跑动时，身体自然放松，上体稍前倾，双臂自然摆动，步幅不宜过大；运球脚抬起时，膝关节屈曲，脚跟提起，脚尖朝下，用脚背正面向前推拨球前进。 **难度与变量：** 可用单脚连续推拨，也可左、右脚交替推拨；可一步一推拨，也可数步一推拨；可限定用一个部位，也可几个部位交替使用。在学生逐渐熟练后，提示学生提高触球频率。 **注意事项：** 在做拉球、踩球练习时提示学生注意安全。	**图示：** | 学生人数	练习时长	场地范围
40人分4组	20分钟	20米×20米 | **练习执行过程要点提示：** 练习时跑动要自然，重心稍前倾，注意体会支撑脚的推拨动作的协调和连贯。

续表

部分	教学任务与要素	场地布置与安排		
结束部分	**整理放松与分享引导** **目标:** 进行放松活动并做小结。 **方法:** 进行伸拉练习。 **要求:** 散点站位,保持安静。	学生人数	练习时长	场地范围
^^	^^	40人	10分钟	近距离散点站位
^^	^^	**分享与引导:** 在练习的过程中提示学生充分利用场地,抬头观察并寻找队友。		

十

教学主题: 比赛类 对抗与比赛	教学目的:通过教学设计、难度变量展示出学生的个人技术。	时长
课次: 第三学期第十次	教学任务:在抢球练习中,使学生将学到的技术动作充分运用到实践中。	40分钟

器材	🥅	〰	⚖	🚩	号衣	⬤	◯	⬤	⬤
数量	0	0	0	0	数量	0	20	0	20
器材	⚽	▼	▲	◯	┄┄➤		➝		～➤
数量	20	12	12	0	球员跑动路线		传球路线		运球路线

部分	教学任务与要素	场地布置与安排
准备部分	**热身活动** **目标：** 通过小游戏发展学生的个人技术，培养学生的团结合作精神。 **方法：** 1.教师讲解游戏规则和要求。 2.学生们围成一个圈；教师任选一名学生在圈中抢球，被抢到球的学生进到圈中。 **要求：** 1.学生们只能在规定的范围内进行传球。 2.传球的时候不能用其他部位，只能用脚。 **难度与变量：** 强调传球的准确性，使学生快速反应。 **注意事项：** 抢球时要注意安全。	图示： | 学生人数	练习时长	场地范围
40人	10分钟	15米×20米 | **练习执行过程要点提示：** 1.观察传球时机，提醒快速传球及隐蔽传球，强调触球部位的准确性。 2.对于抢球者，应观察其跨步抢球的时机、跑动时的加速和及时急停。

部分	教学任务与要素	场地布置与安排
基本部分	**技术技巧、协调性或对抗练习** **目标：** 通过个人技术练习学会如何迅速摆托对方的动作技术。 **方法：** 1.讲解本次课要教的内容。 2.以两人一组将学生分成若干组。 3.在规定的场地内进行练习。 4.练习一段时间后互换角色。 **难度与变量：** 能够运用技术摆脱对方，及时抢到对方的球。 **注意事项：** 对抗时要注意安全。	图示： | 学生人数	练习时长	场地范围 | |---|---|---| | 40人 | 20分钟 | 15米×20米 | **练习执行过程要点提示：** 1.指令性教学完全按照练习要求完成。 2.学生能否很好地观察对手的位置。 3.学生能否利用空间，并很好地绕开对手。 4.教学中遇到问题，随时提问。

续表

部分	教学任务与要素	场地布置与安排		
结束部分	**整理放松与分享引导** **目标：** 进行放松活动并做小结。 **方法：** 1.深呼吸练习。 2.放松全身肌肉练习。 **要求：** 散点站位，保持安静。	学生人数	练习时长	场地范围
		40人	10分钟	规定的范围内
		分享与引导： 引导学生学会观察，以便掌握与对手之间的距离。		

十一

教学主题： 技术类 运传结合练习	教学目的：通过练习，学生可了解运球及脚内侧传球的方法，初步掌握运传球动作技能，比较准确地传向目标。	时长
课次： 第三学期第十一次	教学任务：通过练习掌握运球和传球结合的时机。	40分钟

器材	▬	▭	⚖	⚑	号衣	●	○	●	●
数量	0	2	0	0	数量	0	11	0	11
器材	⚽	▼	▲	○	┄┄➤		➝		∼∼∼
数量	40	25	10	0	球员跑动路线		传球路线		运球路线

部分	教学任务与要素	场地布置与安排
准备部分	**热身活动** **目标：** 经过热身，学生可在本次课中保持良好的身体状态，避免受伤。 **方法：** 1.讲解本次课热身活动的内容、注意事项，并安排见习生。 2.带领学生做准备活动，如上、下肢，腰部，脚踝等部位活动，调动学生参加活动的积极性，激发学习兴趣。 3.复习球性练习：每人一球分开站立，用脚的各个部位触球，但脚不能离开球；胯下左、右脚传球；左、右脚交替踩球。 4.左、右脚交替向后拉球。 **要求：** 1.动作标准，身体正直，双脚时刻触球，脚下动作要敏捷。 2.注意抬头，双眼平视前方。 **难度与变量：** 1.四八拍常规热身，静态拉伸与动态拉伸结合。 2.通过三分钟练习提高控球能力。 **注意事项：** 1.提示动作要领；活动每个关节，动作要标准。 2.注意课堂纪律。	图示： | 学生人数	练习时长	场地范围
40人	10分钟	20米×20米 | **练习执行过程要点提示：** 1.在球感练习中应强调脚触球的频率及身体重心的变化。 2.应注意观察学生的身体协调能力，及时对错误的动作进行修正。

续表

部分	教学任务与要素	场地布置与安排
基本部分	**技术技巧、协调性或对抗练习** **目标：** 通过课堂练习，学生可初步掌握运传球动作技能，并准确地传球。 **方法：** 1.在规定区域内将学生分成两人一组，进行传接球练习。 2.三人一组进行运球练习。 3.三人一组进行传接运球练习：运球停稳传球、运球直接传球。 **要求：** 身体触球部位准确，注重身体协调性练习，动作要连贯。 **难度与变量：** 由易到难，原地练习熟练后进行移动练习。 **注意事项：** 进行脚弓传球时要注意触球点和脚弓的位置。	图示： | 学生人数	练习时长	场地范围
40人	20分钟	20米×20米 | **练习执行过程要点提示：** 传球时注意减速，观察目标。

续表

部分	教学任务与要素	场地布置与安排		
结束部分	**整理放松与分享引导** **目标：** 进行放松活动并做小结。 **方法：** 进行整体拉伸放松练习。 **要求：** 散点站位，保持安静。	学生人数 40人	练习时长 10分钟	场地范围 近距离 散点站位
		分享与引导： 在练习的过程中提示学生充分利用场地，抬头观察并寻找队友。		

十二

教学主题： 对抗类 对抗与比赛	教学目的：通过对抗练习培养学生的团队意识。	时长
课次： 第三学期第十二次	教学任务：熟悉球性，认真练习传球、运球。	40分钟

器材					号衣	○	○	●	●
数量	0	0	0	0	数量	0	0	0	0
器材					---▶	⟶	∼∼▶		
数量	20	12	20	0	球员跑动路线	传球路线	运球路线		

部分	教学任务与要素	场地布置与安排
准备部分	**热身活动** **目标：** 通过练习，学生可掌握运球、传球技术，熟悉球性，了解在比赛中的运球、传球的技战术应用。 **方法：** 1.讲解运球、传球的技术动作要求和在比赛中如何运用。 2.在规定区域内以每组10人将学生分成4组，练习绕标志杆运球、传球。 **要求：** 1.学生分组绕标志杆运球，避免身体触碰标志杆。 2.往返运球时避免与其他组的学生方向相反，造成冲撞。 3.传球练习中注意观察对方，及时沟通、交流，配合要默契。 **难度与变量：** 1.尝试在快速运球的过程中练习停球。 2.可通过比赛计时练习绕杆运球。 **注意事项：** 身体任何部位都不能触碰标志杆。	图示： | 学生人数	练习时长	场地范围
40人	10分钟	15米×20米 | **练习执行过程要点提示：** 在运球的过程中要求双脚脚背内、外侧触球，身体重心快速随支撑脚的变化而变化。

续表

部分	教学任务与要素	场地布置与安排
基本部分	**技术技巧、协调性或对抗练习** **目标：** 运用运球、传球技术进行迷你对抗赛，从而培养学生的团队意识和协作能力。 **方法：** 1.讲解本次课的重点和难点内容，并做出相应的示范。 2.在规定区域内以三至四人一组将学生分成若干组。 3.在规定的场地内进行运球、传球技术练习。 **要求：** 传球时要做到动作标准，跑动时要做到迅速、准确。 **注意事项：** 1.运球、传球跑动时要注意安全。 2.避免与其他组的学生发生碰撞。	图示： | 学生人数	练习时长	场地范围
40人	20分钟	15米×20米 | **练习执行过程要点提示：** 1.指令性教学完全按照练习要求完成。 2.学生能否很好地观察对手的位置。 3.学生能否利用空间，并很好地绕开对手。 4.教学中遇到问题，随时提问。

续表

部分	教学任务与要素	场地布置与安排		
结束部分	**整理放松与分享引导** **目标：** 进行放松活动并做小结。 **方法：** 1.深呼吸练习。 2.以体操队形散开，进行拉伸放松练习。 **要求：** 散点站位，保持安静。	学生人数	练习时长	场地范围
		40人	10分钟	规定的范围内
		分享与引导： 引导学生学会观察，以便掌握与对手之间的距离。		

十三

教学主题： 游戏类 合作游戏	教学目的：通过练习，在无压力或竞争的情况下培养学生穿过空间的带球技能和速度。	时长
课次： 第三学期第十三次	教学任务：训练学生的间接视野，在练习中提高学生的运控球能力。	40分钟

器材					号衣				
数量	2	0	0	0	数量	10	10	10	10
器材									
数量	20	0	40	0	球员跑动路线		传球路线		运球路线

部分	教学任务与要素	场地布置与安排
准备部分	**热身活动** **目标：** 通过练习培养学生在移动中进行传球的协调性，增强学生的敏捷性和快速移动能力。 **方法：** 1.在规定区域内设置两条20米间距的平行线，学生两人一组平行站立。 2.一名学生带球从一条线的一端出发，沿斜前方向向另一条线进行带球练习；另一名学生从另一条线的一端出发，不持球向相反的路线前进。两人相遇时进行传球练习。 3.一组完成后互换角色进行练习。 **要求：** 1.两名学生开始进行传球时，彼此要沟通、交流。 2.运球时要抬头，时刻注意传球的学生。 **难度与变量：** 1.规定折返的次数和间歇时间。 2.以固定的一只脚运球，中途轮换时可尝试以弱势脚进行运球。 **注意事项：** 跑动中避免发生碰撞，要注意安全。	图示： | 学生人数	练习时长	场地范围
40人	10分钟	20米×20米 | **练习执行过程要点提示：** 1.为了增加一些趣味性，可更换口令方式。 2.注意观察场上学生的行为。 3.积极教学，不断激励学生。

续表

部分	教学任务与要素	场地布置与安排
基本部分	**技术技巧、协调性或对抗练习** **目标：** 通过技术练习培养学生在以多打少的情况下小组团队配合进攻的能力。 **方法：** 1.不设置训练区域，只设置一个球门；两人持球进攻，一人防守。 2.目标为球进入防守方球门，以进攻方进球为胜利。 3.以防守方把球传给教练或阻挡球进入球门为胜利。 **要求：** 1.比赛正式开始时，进攻方两人互相配合，及时沟通，随时商讨技战术的运用。 2.场地范围不限，可拉动距离，转移防守方的注意力。 **难度与变量：** 1.改变球门数量。 2.更换球门（将大球门换为小球门）增加难度。 **注意事项：** 跑动传球时要注意安全。	图示： | 学生人数	练习时长	场地范围 | |---|---|---| | 40人 | 20分钟 | 20米×20米 | **练习执行过程要点提示：** 1.为了增加一些趣味性，可更换口令方式。 2.注意观察场上学生的行为。 3.积极教学，不断激励学生。

续表

部分	教学任务与要素	场地布置与安排		
结束部分	**整理放松与分享引导** **目标：** 进行放松活动并做小结。 **方法：** 深呼吸10次，拍打大、小腿肌肉，进行下肢静力压伸。 **要求：** 散点站位，保持安静。	学生人数	练习时长	场地范围
		40人	10分钟	散点站位
		分享与引导： 在练习的过程中培养学生拓展的能力和自主开发游戏的能力，强调规则的重要性。		

室内课程教学内容素材（一）

课程名称：脚内侧踢球技术介绍

教学目的

认知目标：使学生积极参与活动和练习，在学习中体验乐趣，在运动中展示自我，增强自信。

技能目标：学生能正确运用技术完成踢球动作。

情感目标：学习通过足球运动锻炼身体的方法；学会与同伴合作，发挥团队精神，提高人际交往能力。

教学任务

让学生了解脚内侧踢球的动作。

内容素材

动作讲解

直线助跑，最后一步稍大些。支撑脚在球的侧面约15厘米处，脚尖正对出球方向；支撑腿膝关节微屈。在支撑脚着地时，踢球腿大腿带动小腿由后向前摆动。在前摆的过程中大腿外展，当膝关节摆动至球的正上方时，小腿做爆发式摆动，在触球前将脚跟送出，使得脚内侧部位形成的平面与出球方向垂直，踢球脚脚底与地面平行，脚尖微微翘起，踝关节功能性地紧张，使脚形固定，触击球后身体跟随移动，髋关节向前送。

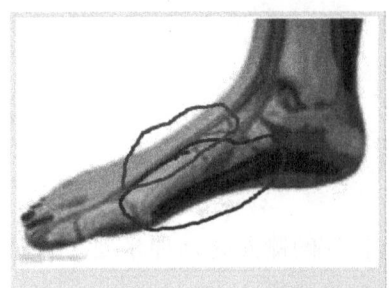

预设问题

何种情况下使用脚内侧踢球？

提问学生：

1.同学们，你们觉得脚内侧踢球难不难？

2.同学们，你们动动脑筋，想想什么时候用脚内侧踢球（一年级的学生可能对脚内侧踢球不太了解，可以先抛出问题，让他们带着问题往下学习）？

教师根据学生的回答情况，用语言和动作使学生明白什么样的球是用脚内侧踢的（结合一年级学生的心理），如脚内侧挡球、用脚内侧将球传给同伴、用脚内侧方式踢摆好的物体等。

通过视频介绍脚内侧踢球的动作

播放脚内侧踢球的视频（最好结合练习的视频），让学生将脚内侧踢球的动作要领记在脑子里。

课堂互动与准备

问题需要分小组进行讨论，讨论后由代表回答，其他学生补充；教师应引导讨论。

需准备多媒体设备，在讲述开始前播放有关视频。

参考文献：

全国体育院校教材委员会.现代足球[M].北京：人民体育出版社，2000.

室内课程教学内容素材（二）

课程名称：足球运动发展史简介

课程任务与目标

认知目标：使学生了解足球运动发展的过程，建立起对足球运动及其历史演变的知识框架。

技能目标：使学生从认识足球到了解足球，并从实践中掌握足球的基本技能，以游戏为主要方式激发学生对足球的兴趣。

情感目标：使学生通过积极参与足球运动增强体质，学会团队合作，培养吃苦耐劳的品质，提高人际交往能力。

教学任务

使学生了解足球运动的发展史，以观看赛事的方式了解足球运动的基本规则和技术手段。

内容素材

一、古代足球运动的萌芽与发展

足球运动是一项古老的体育活动，源远流长。据说，希腊人和罗马人在中世纪以前就已经进行着一种足球游戏了。他们在一个长方形场地上，将球放在中间的白线上，用脚把球踢到对方的场地上，当时这种游戏被称为"哈巴斯托姆"。到19世纪初叶，足球运动在欧洲及拉丁美洲一些国家，特别是在资本主义的英国已经相当盛行。1848年，足球运动的第一个文字形式的规则《剑桥规则》诞生了。

然而众多资料表明，中国古代足球出现得比欧洲更早，历史更为悠久。我国古代足球被称为"蹴鞠"或"踢鞠"，"蹴"和"踢"都是"踢"的意思，"鞠"就是球。"蹴鞠"一词最早被记载在《史记匪涨亓写》里，汉代刘向《别录》和唐人颜师曾为《汉书·枚乘传》作的注中也均有记载。到了唐宋时期，"蹴鞠"活动已十分盛行，成为宫廷之中的高雅活动。1958年7月，国际足联时任主席阿维兰热博士来中国时曾表示：足球起源于中国。早在3500多年前的商代，就有了"足球舞"，这是古代足球游戏的雏形。战国时期，民间已盛行集体的"蹴鞠"游戏。及至西汉，足球已进一步发展成为竞赛性的运动。作为古代中国文明内容之一的足球，公元前4世纪即因古希腊马其顿国王亚历山大发动的战争而传入中东，而后传入罗马，发展成一种以把球带到对方一端为胜的竞赛性游戏。接着，这种游戏又因战争传到法国，1066年传入英国。现代足球始于英国。1863年10月，英国足球协会在伦敦成立了第一个足球俱乐部，制定了最初的比赛规则，现代足球运动随之逐渐兴起。最早的比赛阵形是英国人创造的"九锋一卫"式，即九个前锋、一个后卫，再加一名守门员。随着技术水平的提高，一名后卫难以抵挡九名前锋的进攻，于是产生了"七锋三卫"式阵形，使攻守力量达到相对平衡。由于技术水平的进一步提高、战术的发展及前锋活动的加强，防守力量又日趋薄弱。为了改变这种状况，1870年苏格兰人创造了"六锋四卫"式阵形。接着，英国人又创造了"1+2+3+5"阵形。这一阵形对当时世界足球运动的发展影响很大，因为它体现了攻守力量的基本平衡。当然，由于封建社会的局限，中国古代的蹴鞠活动最终没有发展成为以"公平竞争"为原则的现代足球运动。这个质的飞跃是在资本主义的英国完成的。

二、现代足球运动的诞生

从17世纪中后期开始，足球运动逐步从欧美传入世界各国，尤其在一些文化发达的国家更为盛行。越来越多的人走进球场，投身这一富有刺激性和畅快感的运动中，以至于人们一度将足球运动开展得好坏作为衡量一个国家文化发达与否的标志。在这种情况下，英国人率先为足球运动的发展做出了重要贡献。1863年10月26日，英国人在伦敦皇后大街弗里马森旅馆成立了世界上第一个足球协会——英格兰足球协会。会上除了宣布英格兰足协正式成立之外，还制定并通过了世界上第一部较为统一的足球竞赛规则，并以文字的形式记载下来。

英格兰足球协会的诞生，标志着足球运动的发展进入了一个崭新的阶段。因而，人们公认1863年10月26日，即英格兰足球协会成立之日为现代足球的诞生日。1863年10月26日，英国足球协会在英伦召开了现代足球史上十分重要的会议，比赛规程被草拟出来，但有些条文与今天的规则相距甚远。比如当时有这样一条：当球从球门柱之间进入或在上面的空间越过，不论高度如何，只要不是被手扔、击、运进去的，都算赢一球。那时球员的位置和阵形也不同于今天：每队一名守门员、一名后卫、一名前卫和八名前锋。制定规则后不久,阵形有所改变:一名守门员、两名后卫、三名前卫和五名前锋。掷界外球,最初只用一只手,但有些球员能巧妙地把球从四五十码以外的位置掷入球门,因此又对规则做了变动:必须双手掷界外球。最早的球门也不同于今天:1883年,球门的横梁还是一根绳子。由于绳子较细,球究竟是从上面过去的,还是从下面过去的,一时很难判断。直到1890年,才设置了球网。至于球场的规模,也不同于今天:1890年,球场的面积是200×100码或100×50码,还有200×50码的。现在的场地规定是:最大允许130码长,最小也需要100码长,宽为50码到100码。那时进行比赛,由每队各出一名副裁判和主裁判担任"执法官"。直到1891年才出现持中立态度的现代意义上的裁判:一名裁判和两名巡边员。早期的球队均是业余球员构成的,而现代足球有了职业球员,即以踢球为职业的运动员。

三、国际足球协会联合会的成立

人们公认1863年10月26日,即英格兰足球协会成立之日为现代足球的诞生日。1896年,第一届现代奥运会在希腊举行时,足球就被列为正式比赛项目,丹麦以9∶0大胜希腊,成为第一个奥运会足球冠军。因为当时奥运会不允许职业运动员参加,到了1928年(第九届奥运会举行),足球比赛已无法持续。1928年奥运会结束后,国际足联召开代表会议,一致通过决议,举办四年一次的世界足球锦标赛。这对世界足球运动的进一步发展和提高起到了积极的推动作用。这个新的足球大赛最初被称为"世界足球锦标赛"。1956年,国际足联在卢森堡召开会议,决定易名为"雷米特杯赛",这是为表彰国际足联前主席——法国人雷米特为足球运动做出的成就。雷米特担任国际足联主席33年(1921—1954),是世界足球锦标赛的发起者和组织者。后来,有人建议将两个名字联系起来,称为"世界足球锦标赛·雷米特杯"。于是，在赫尔辛基会议上决定更名为"世界足球锦标赛·雷米特杯"，简称"世界杯"。

1904年5月21日，国际足球协会联合会（简称"国际足联"，英文缩写为FIFA）在法国巴黎圣奥诺雷街229号，协会联盟驻地的后楼正式成立，法国等7个国家的代表和代理人在有关文件上签了字。1904年5月23日，国际足联召开了第1届全体代表大会，法国的罗伯特·盖林被推选为第一任主席。1905年4月14日，英格兰足协加入国际足联。国际足联的创建，标志着足球作为一项世界性的体育运动项目登上了世界体坛。国际足联是世界足球运动的最高权力机构，总部设在瑞士苏黎士希茨希11号国际足联大厦。国际足联的宗旨是促进国际足球运动的发展，发展各足球协会之间的友好联系。国际足联的最高权力机构是代表大会，每两年举行一次。国际足联主席由代表大会选出，任期4年，可连选、连任。国际足联下设执行委员会（负责国际足联的行政管理）、世界杯组委会、业余委员会、裁判委员会、技术委员会、医务委员会、新闻出版委员会、纪律委员会、法律事务委员会、世界青年锦标赛、秘书处。我国于1931年加入国际足联。

四、赛事

欧洲杯、美洲杯、非洲杯、亚洲杯和联合会杯都是针对国家的大赛，俱乐部的比赛就是欧冠、南美足球冠军联赛和世界杯，世界杯是足球领域最有影响力的比赛，也是各国最重视的。1930年，首届世界杯足球锦标赛在乌拉圭举行；以后每4年举办一次。世界杯自1930年到现在已举办了22届，获得过冠军的国家仅为8个。它们是：巴西5次，德国4次，意大利4次，乌拉圭2次，阿根廷3次，英国1次、法国2次、西班牙1次。欧洲足球锦标赛有"小世界杯"之称，也是世界上最著名的足球赛事之一。

它从1960年开始，每4年举行一次，从第6届开始，即1980年改用新赛制。决赛阶段赛集中在某国举行，东道主无须打预赛，直接进入决赛圈。它在欧洲有着巨大的影响，也是推动欧洲足球运动发展的一项重要赛事。

参考文献：

[1] [英]大卫·戈德布拉特.足球百科[M].北京：中国地图出版社，2016.

[2] 宋兆麟.蹴鞠——中国古代的足球[M].北京：商务印书馆，2017.

预设问题

提问学生：

1.同学们能否谈谈自己对足球的认识？

2.同学们，通过老师的讲解，你们有没有想去足球场踢球的冲动？

教师根据学生的回答情况展开对足球发展的描述，引起学生对足球的兴趣。

课堂互动与准备

1.问题1需要分小组进行讨论，讨论后由代表回答，其他学生补充；教师应引导讨论。

2.需准备多媒体设备，在讲述开始前播放有关视频。

第七部分

第四学期教学实例

一

教学主题: 游戏类 运球与球性练习	教学目的:通过练习培养学生在场上进行角色转换的能力和团队意识。	时长
课次: 第四学期第一次	教学任务:通过直线和曲线的递进练习训练学生的间接视野,在运动中提升敏捷性和协调能力。	40分钟

器材					号衣				
数量	0	0	0	0	数量	0	0	0	0
器材						⇢	→	〜	
数量	40	10	4	0		球员跑动路线	传球路线	运球路线	

部分	教学任务与要素	场地布置与安排
准备部分	**热身活动** **目标：** 有助于提高身体的敏捷性和运动协调能力。 **方法：** 1.两人一组，背对背站立。 2.双人手持球，以肩膀为圆心，从头顶到腰间画大圆进行持球、传球接力。 3.双人手持球环绕腰间进行持球、传球接力。 4.双人手持球环绕腰间进行8字形持球、传球接力。 **要求：** 动作要协调、到位，速度要快。 **难度与变量：** 1.引入传递比赛机制。 2.限定时间、次数。 **注意事项：** 要注意安全。	图示： | 学生人数	练习时长	场地范围
40人分2组	15分钟	20米×40米 | **练习执行过程要点提示：** 1.为了增加一些趣味性，可更换口令方式。 2.注意观察场上学生的行为。 3.积极教学，不断激励学生。

续表

部分	教学任务与要素	场地布置与安排
基本部分	**技术技巧、协调性或对抗练习** **目标：** 在轻微的防守压力下培养学生的带球技能和速度。 **方法：** 1.设置一块训练区域，将学生分成三组。 2.一组十个人为逃跑者；逃跑者只要两人以上拉手，追捕者就不能再追捕对方。 3.二组两个人为追捕者，手中各拿一个足球或软排球，球不能离开手；只要球碰到一组队员，一组队员就只能原地蹲下待命。 4.三组一个人为救护人员，可以拯救待命人员。 5.三组队员同时可以打掉二组队员手中的球，球被打掉的队员出局，直至分出胜负。 **要求：** 跑动中注意观察其他队员的位置。 **难度与变量：** 1.改变场地大小。 2.改变游戏人数。 **注意事项：** 要注意安全。	图示： | 学生人数	练习时长	场地范围
40人分2组	15分钟	20米×40米 | **练习执行过程要点提示：** 1.为了增加一些趣味性，可更换口令方式。 2.注意观察场上学生的行为。 3.积极教学，不断激励学生。

续表

部分	教学任务与要素	场地布置与安排		
结束部分	**整理放松与分享引导** **目标：** 进行放松活动并做小结。 **方法：** 深呼吸10次，拍打大、小腿肌肉，进行下肢静力压伸。 **要求：** 散点站位，保持安静。	学生人数	练习时长	场地范围
:::	:::	40人分2组	10分钟	散点站位
:::	:::	**分享与引导：** 在练习的过程中培养学生拓展的能力和自主开发游戏的能力，强调规则的重要性。		

二

教学主题： 游戏类 合作游戏	教学目的：通过练习提高学生的团队意识和传球能力。	时长
课次： 第四学期第二次	教学任务：训练学生的间接视野，在游戏设置中让学生各尽职责，同时体会利用场地空间的益处。	40分钟

器材					号衣	●	○	●	●
数量	0	0	0	0	数量	0	0	0	0
器材	⚽			○	------▶		───▶		∼∼∼▶
数量	40	10	4	0	球员跑动路线		传球路线		运球路线

部分	教学任务与要素	场地布置与安排
准备部分	**热身活动** **目标：** 达到热身效果的同时提高学生的团队意识和传球能力。 **方法：** 1. 在规定区域内将学生平均分成两组。 2. 双方进行手球游戏，目标是保持本队控球。 3. 只能用手进行传球。 4. 能连续传5次球的组得1分。 **要求：** 多跑动接球，注意观察同伴及对手的位置。 **难度与变量：** 1. 可增加一个得分区域。 2. 限制运球，或以单腿跳的形成移动。 **注意事项：** 要注意安全。	图示： | 学生人数	练习时长	场地范围
40人分2组	10分钟	20米×40米 | **练习执行过程要点提示：** 1. 为了增加一些趣味性，可更换口令方式。 2. 注意观察场上学生的行为。 3. 积极教学，不断激励学生。

续表

部分	教学任务与要素	场地布置与安排
基本部分	**技术技巧、协调性或对抗练习** **目标：** 通过练习培养学生的观察和比赛能力。 **方法：** 1.设置一块小型比赛场地，将学生平均分成两组进行比赛。 2.边路通道有两名自由人，哪组把球传给自由人，自由人就会帮助哪组进攻。 3.自由人不得出自己所在的区域，不参与防守。 **要求：** 1.比赛中注意观察同伴和对手的位置。 2.多利用边路同伴，以多打少。 **难度与变量：** 1.改变场地大小。 2.改变游戏人数。 **注意事项：** 要注意安全。	图示： | 学生人数	练习时长	场地范围 | |---|---|---| | 40人分2组 | 20分钟 | 20米×40米 | **练习执行过程要点提示：** 1.为了增加一些趣味性，可更换口令方式。 2.注意观察场上学生的行为。 3.积极教学，不断激励学生。

续表

部分	教学任务与要素	场地布置与安排		
结束部分	**整理放松与分享引导** **目标：** 进行放松活动并做小结。 **方法：** 深呼吸10次，拍打大、小腿肌肉，进行下肢静力压伸。 **要求：** 散点站位，保持安静。	学生人数	练习时长	场地范围
		40人分2组	10分钟	散点站位
		分享与引导： 在练习的过程中培养学生拓展的能力和自主开发游戏的能力，强调规则的重要性。		

三

教学主题： 技术类 球性及运球练习	教学目的：以竞速形式的练习使学生多触球，提高其团队意识。	时长
课次： 第四学期第三次	教学任务：在学生掌握直线运球的基础上提高训练密度和强度。	40分钟

器材					号衣	○	○	●	●
数量	0	0	0	0	数量	0	20	0	20
器材						╍▶	⟶	∼∼	
数量	40	10	40	0		球员跑动路线	传球路线	运球路线	

部分	教学任务与要素	场地布置与安排
准备部分	**热身活动** **目标：** 经过热身，学生可在本次课中保持良好的身体状态，避免受伤。 **方法：** 1.提前将活动的内容、注意事项等告知学生。 2.带领学生活动全身大、小关节，调动他们参加活动的积极性，发挥他们的身体能动性。 3.复习球性练习：学生用脚的各个部位触球，但脚不能离开球；胯下左、右脚传球；左、右脚交替踩球。 4.左、右脚交替向后拉球。 **要求：** 动作要到位、快速、灵活，注意抬头。 **难度与变量：** 1.四八拍热身。 2.三分钟练习。 **注意事项：** 提示动作要领，每个部位的动作都要到位。	图示： | 学生人数	练习时长	场地范围
40人	10分钟	20米×20米 | **练习执行过程要点提示：** 观察学生的整个练习过程，如果动作没有到位，要进行适时的提示，并示范正确的动作。

续表

部分	教学任务与要素	场地布置与安排
基本部分	**技术技巧、协调性或对抗练习** **目标：** 让学生体会快速停运球时的球感。 **方法：** 1. 复习直线运球。 2. 听教师哨声的变化直线运球。 3. 10米快速运球要求触球达到一定的次数。 4. 分组进行直线运球。 **要求：** 触球部位要准确，身体要协调，动作要连贯。 **难度与变量：** 1. 运球变速的距离可长、可短。 2. 变速节奏可急、可缓。 3. 可以进行有规律的变速，也可无定式地变速。 4. 可急停、急起变速，也可快、慢交替变速。 5. 练习时速度变化要明显，做到人、球速度合拍。 **注意事项：** 1. 快速运球时要注意每组间隔的距离，保证安全。 2. 到达终点时让学生停住球。	图示： | 学生人数	练习时长	场地范围
40人分4组	20分钟	20米×20米 | **练习执行过程要点提示：** 1. 在运球练习中提示学生抬头。 2. 左、右脚都要练习。 3. 提示学生在快速运球中多触球，控制速度，不要失去对球的控制。

部分	教学任务与要素	场地布置与安排		
结束部分	**整理放松与分享引导** **目标：** 进行放松活动并做小结。 **方法：** 进行伸拉练习。 **要求：** 散点站位，保持安静。	学生人数	练习时长	场地范围
		40人	10分钟	近距离散点站位
		分享与引导： 反复对学生强调，快速运球是在控制住球的情况下提高自己的运球速度。		

四

教学主题： 对抗类 对抗与比赛	教学目的：运用个人技术，采取多角度射门。	时长
课次： 第四学期第四次	教学任务：练习运球、传球、射门，为比赛做准备。	40分钟

器材				🚩	号衣	◯	◯	⬤	⬤
数量	0	0	0	2	数量	0	0	0	0
器材	⚽			⬭	┄┄▶	───▶	∿∿▶		
数量	40	10	5	0	球员跑动路线	传球路线	运球路线		

部分	教学任务与要素	场地布置与安排
准备部分	**热身活动** **目标：** 复习运球、传球和射门，掌握、运用所学的技术动作。 **方法：** 1.将学生分成左、右两组，在规定区域内练习运球。 2.将球运到场地中间，两人进行传球练习。 3.将球运到球门前，进行射门练习。 **要求：** 1.积极练习，传球到位，射门有力。 2.两人相互配合。 3.能够自觉地练习，掌握动作。 **注意事项：** 跑动时要注意安全。	图示： | 学生人数	练习时长	场地范围
36人	10分钟	15米×20米 | **练习执行过程要点提示：** 1.注意观察学生的行为。 2.提醒学生的动作。 3.及时鼓励学生。

续表

部分	教学任务与要素	场地布置与安排
基本部分	**技术技巧、协调性或对抗练习** **目标：** 将训练中形成的技能运用到对抗当中。 **方法：** 1.讲解本次课要教的内容。 2.将学生分成两组，在场地中间背对背摆放两个球门，其他规则与正常比赛相同。 3.在规定的场地内进行比赛。 **要求：** 传球到位，跑动到位。 **注意事项：** 跑动时要注意安全。	图示： | 学生人数	练习时长	场地范围
36人	20分钟	15米×20米 | **练习执行过程要点提示：** 1.指令性教学完全按照练习要求完成。 2.学生能否很好地观察对手的位置。 3.学生能否利用空间，并很好地绕开对手。 4.教学中遇到问题，随时提问。

续表

部分	教学任务与要素	场地布置与安排		
结束部分	**整理放松与分享引导** **目标：** 进行放松活动并做小结。 **方法：** 1.深呼吸练习。 2.放松全身肌肉练习。 **要求：** 散点站位，保持安静。	学生人数	练习时长	场地范围
		36人	10分钟	规定的范围内
		分享与引导： 引导学生学会观察，以便掌握与对手之间的距离。		

五

教学主题： 技术类 变换触球部位曲线 运球练习	教学目的：提高学生变向运球的能力，发展学生的灵敏、协调等运动能力。	时长
课次： 第四学期第五次	教学任务：让学生在运球练习中变换触球部位，改变球的路线。	40分钟

器材					号衣	●	○	●	●
数量	0	0	0	0	数量	0	20	0	20
器材	⚽		▲	○	┄┄►	──►	～►	
数量	40	0	40	0	球员跑动路线	传球路线	运球路线	

部分	教学任务与要素	场地布置与安排
准备部分	**热身活动** **目标：** 经过热身，学生可在本次课中保持良好的身体状态，避免受伤。 **方法：** 1.提前将活动的内容、注意事项等告知学生。 2.带领学生活动全身大、小关节，调动他们参加活动的积极性，发挥他们的身体能动性。 3.进行软梯练习（小步跑、高抬腿跑、两侧移动跑）。 **要求：** 动作要到位、快速、灵活。 **难度与变量：** 1.四八拍热身。 2.三分钟练习。 **注意事项：** 提示动作要领，每个部位的动作要到位。	图示： | 学生人数	练习时长	场地范围
40人	10分钟	20米×20米 | **练习执行过程要点提示：** 观察学生的整个练习过程，如果动作没有到位，要进行适时的提示，并示范正确的动作。

续表

部分	教学任务与要素	场地布置与安排
基本部分	**技术技巧、协调性或对抗练习** **目标：** 让学生巩固曲线运球中触球点的运用。 **方法：** 1.脚背内、外侧曲线运球。 2.个人散点练习。 3.将学生平均分成8组，每组5人；让学生按照地标摆放的轨迹依次进行曲线运球练习。 **要求：** 1.跑动时身体自然放松，上体稍前倾并稍向运球方向转动，双臂自然摆动，步幅要小些。支撑脚放在球的侧面并弯曲；运球脚抬起时膝关节屈曲，脚跟提起，脚尖稍外转，用脚内侧向前推拨球；然后降低重心迅速跟上，双脚交替进行。 2.学生要根据障碍的分布、距离等情况选用适当的突破方法，并控制好运球突破的力量和方向。 3.掌握曲线运球要领，并体会重心的移动，以及支撑腿在变向时的位置，控制住球。 **注意事项：** 体会推拨球的部位和角度，以及身体重心的移动和变化。	图示： | 学生人数	练习时长	场地范围
40人分8组	20分钟	20米×20米 | **练习执行过程要点提示：** 运球轨迹可以是折线，也可以是弧线；变向角度可大、可小；可在运行中变向，也可急停后变向。

续表

部分	教学任务与要素	场地布置与安排		
结束部分	**整理放松与分享引导** **目标：** 进行放松活动并做小结。 **方法：** 进行伸拉练习。 **要求：** 散点站位，保持安静。	学生人数	练习时长	场地范围
^	^	40人	10分钟	近距离散点站位
^	^	**分享与引导：** 运球轨迹可以是折线，也可以是弧线；变向角度可大、可小；可在运行中变向，也可急停后变向。		

六

教学主题： 对抗类 对抗与比赛	教学目的：利用运球、传球技术进行对抗练习，提高学习兴趣。	时长
课次： 第四学期第六次	教学任务：在运球、传球的基础上进行对抗练习。	40分钟

器材					号衣	○	○	●	●
数量	0	0	0	0	数量	0	0	0	0
器材	⚽		▲	○	·····▶	─▶	∼∼∼		
数量	20	0	40	0	球员跑动路线	传球路线	运球路线		

部分	教学任务与要素	场地布置与安排
准备部分	**热身活动** **目标：** 使学生熟练掌握运球技术，在运球的过程中做到传接球到位、跑动到位。 **方法：** 1.带领学生做好热身前的准备活动。 2.讲解热身内容。 3.布置场地。 4.学生两人一球在规定区域内进行行进间传接球。 **要求：** 1.只能用脚触球。 2.听到哨声立刻停止。 3.若出规定区域，及时将球带回。 **难度与变量：** 可用脚的不同部位传接球。 **注意事项：** 注意力要集中，传接球要到位，积极跑动。	图示： | 学生人数	练习时长	场地范围 | |---|---|---| | 40人 | 10分钟 | 20米×30米 | **练习执行过程要点提示：** 1.注意观察场上学生的行为。 2.提醒学生的动作。 3.及时鼓励学生。

续表

部分	教学任务与要素	场地布置与安排
基本部分	**技术技巧、协调性或对抗练习** **目标：** 通过练习提高学生的运球技术，培养学生的观察能力和协作能力；训练学生利用运球过人和两人配合最终射门得分。 **方法：** 1.将学生分成五人一组。 2.以不同颜色的服装将五名学生区分成两名防守队员、三名进攻队员。 3.在15米×20米的场地内进行对抗。 4.围绕两个球门进行二对三对抗练习。 5.组内五人轮转结对。 **要求：** 传球要到位，配合要默契。 **难度与变量：** 1.进攻队员勇敢过人或抬头观察本队队员的位置；传球跑动，以获取更有利的位置进行射门。 2.防守队员积极防守，盯住跑动的进攻队员。 **注意事项：** 1.抢球动作的幅度不宜过大。 2.控制队员练习时的间隔。	图示： | 学生人数	练习时长	场地范围
40人	20分钟	15米×20米 | **练习执行过程要点提示：** 1.指令性教学完全按照练习要求完成。 2.学生能否很好地观察对手的位置。 3.学生能否利用空间，并很好地绕开对手。 4.教学中遇到问题，随时提问。

续表

部分	教学任务与要素	场地布置与安排			
结束部分	**整理放松与分享引导** **目标：** 进行放松活动并做小结。 **方法：** 1.深呼吸练习。 2.放松全身肌肉练习。 **要求：** 散点站位，保持安静。	学生人数	练习时长	场地范围	
		40人	10分钟	规定的范围内	
		分享与引导： 引导学生学会观察，以便掌握与对手之间的距离。			

七

教学主题： 技术类 协调性练习、多部位触球练习	教学目的：通过练习，学生可初步掌握变化的步伐，并体会身体重心移动的感觉，初步掌握上次课教的球性练习要领。	时长
课次： 第四学期第七次	教学任务：在协调性练习的过程中锻炼学生的反应能力，使学生在练习的过程中注意双脚协调配合，巩固曲线运球。	40分钟

器材	▬	▦	⚊	⚑	号衣	●	○	●	●
数量	0	4	0	0	数量	0	20	0	20
器材	⚽	▲	▲	⬭	┄┄➤		────➤		〰〰
数量	10	30	0	0	球员跑动路线		传球路线		运球路线

部分	教学任务与要素	场地布置与安排
准备部分	**热身活动** **目标：** 经过热身，学生可在本次课中保持良好的身体状态，避免受伤。 **方法：** 1.提前将活动的内容、注意事项等告知学生。 2.带领学生活动全身大、小关节，调动他们参加活动的积极性，发挥他们的身体能动性。 3.进行软梯练习（小步跑、高抬腿跑、两侧移动跑）。 **要求：** 动作到位、快速、灵活。 **难度与变量：** 1.四八拍热身。 2.三分钟练习。 **注意事项：** 提示动作要领，每个部位的动作都要到位。	图示： | 学生人数	练习时长	场地范围
40人	10分钟	20米×20米 | **练习执行过程要点提示：** 观察学生的整个练习过程，如果动作没有到位，要进行适时的提示，并示范正确的动作。

续表

部分	教学任务与要素	场地布置与安排
基本部分	**技术技巧、协调性或对抗练习** **目标：** 通过练习，学生可巩固在曲线运球中不同部位触球的技术，并提高传球的准确性。 **方法：** 1.进行散点练习。 2.以五人一组将学生平均分成八组，练习绕过标志物运球给下一名学生。 **要求：** 1.全身协调用力，重心下降。 2.强调运球时养成抬头观察四周的良好习惯。 3.传球时注意控制球向前的速度，重心跟上，用脚内侧将它传给同伴。 **难度与变量：** 掌握曲线运球要领，体会重心的移动，以及支撑腿在变向时的位置，控制住球。 **注意事项：** 1.进行运球练习时要抬头向前看，不要低头只看眼前。 2.一旦失误，球滚到别的组，捡球时要注意安全。	图示： | 学生人数	练习时长	场地范围
40人分8组	20分钟	20米×20米 | **练习执行过程要点提示：** 1.曲线运球时脚尽量多触球，始终将球控制在自己的脚下。 2.变向时部位要准确，重心要跟上。

续表

部分	教学任务与要素	场地布置与安排		
结束部分	**整理放松与分享引导** **目标：** 进行放松活动并做小结。 **方法：** 进行伸拉练习。 **要求：** 散点站位，保持安静。	学生人数	练习时长	场地范围
		40人	10分钟	近距离散点站位
		分享与引导： 在练习的过程中，提示学生充分利用场地，抬头观察并寻找队友。		

八

教学主题： 对抗性 对抗与比赛	教学目的：利用运球、传球技术进行对抗练习，提高学生对足球的兴趣。	时长
课次： 第四学期第八次	教学任务：通过练习提高学生运球、传球的基本技术，并且能够在对抗练习中娴熟地运用。	40分钟

器材	▭	▭	⚑	⚑	号衣	●	●	●	●
数量	0	0	0	0	数量	0	0	0	0
器材	⚽	▲	▲	◯	⇢	→	〰		
数量	40	10	40	0	球员跑动路线	传球路线	运球路线		

部分	教学任务与要素	场地布置与安排
准备部分	**热身活动** **目标：** 使学生熟练掌握运球技术，在运球的过程中做到传接球到位、跑动到位。 **方法：** 1.带领学生做好热身前的准备活动。 2.讲解热身内容。 3.布置场地。 4.学生每人一球在规定区域内通过传接交换球。 **要求：** 1.只能用脚触球。 2.听到哨声立刻停止。 3.若出规定区域，及时将球带回。 **难度与变量：** 可用脚的不同部位触球。 **注意事项：** 注意力要集中，传接球要到位，积极跑动。	图示： | 学生人数	练习时长	场地范围 | |---|---|---| | 40人 | 10分钟 | 15米×20米 | **练习执行过程要点提示：** 1.注意观察场上学生的行为。 2.提醒学生的动作。 3.及时鼓励学生。

续表

部分	教学任务与要素	场地布置与安排
基本部分	**技术技巧、协调性或对抗练习** **目标：** 在运球的过程中发现对手，并充分利用身边的空间。 **方法：** 1.将学生分成5组，每组在自己的区域内进行练习。 2.双方轮流进攻，进球者得分。 3.统计进球个数，看哪组得分多。 **要求：** 1.攻防互换，双方攻守机会相等。 2.球出边界不能得分。 **难度与变量：** 运球通过对方边线即得分，则难度递减。 **注意事项：** 1.抢球动作幅度不宜过大。 2.控制队员的间隔。	图示： | 学生人数	练习时长	场地范围
40人	20分钟	15米×20米 | **练习执行过程要点提示：** 1.指令性教学完全按照练习要求完成。 2.学生能否很好地观察对手的位置。 3.学生能否利用空间，并很好地绕开对手。 4.教学中遇到问题，随时提问。

续表

部分	教学任务与要素	场地布置与安排		
结束部分	**整理放松与分享引导** **目标：** 进行放松活动并做小结。 **方法：** 1. 深呼吸练习。 2. 放松全身肌肉练习。 **要求：** 散点站位，保持安静。	学生人数	练习时长	场地范围
		40人	10分钟	规定的范围内
		分享与引导： 引导学生学会观察，以便掌握与对手之间的距离。		

九

教学主题： 技术类 传运球练习	教学目的：通过练习，学生可初步掌握变化的步伐，并体会身体重心移动的感觉，初步掌握上次课教的球性练习要领。	时长
课次： 第四学期第九次	教学任务：在协调性练习的过程中训练学生的反应能力，使学生在练习的过程中注意双脚协调配合。	40分钟

器材					号衣				
数量	0	4	0	0	数量	0	20	0	20
器材									
数量	20	20	40	0		球员跑动路线		传球路线	运球路线

部分	教学任务与要素	场地布置与安排
准备部分	**热身活动** **目标：** 经过热身，学生可在本次课中保持良好的身体状态，避免受伤。 **方法：** 1.提前将练习的内容、注意事项等告知学生。 2.带领学生活动全身大、小关节，调动他们参加活动的积极性，发挥他们的身体能动性。 3.进行软梯练习（小步跑、高抬腿跑、两侧移动跑）。 **要求：** 动作快速、灵活。 **难度与变量：** 减少间歇时间。 **注意事项：** 提示动作要领，每个部位的动作都要到位。	图示： | 学生人数	练习时长	场地范围
40人	10分钟	20米×20米 | **练习执行过程要点提示：** 观察学生的整个练习过程，如果动作没有到位，要进行适时的提示，并示范正确的动作。

部分	教学任务与要素	场地布置与安排
基本部分	**技术技巧、协调性或对抗练习** **目标：** 通过练习，学生可巩固在曲线运球中不同部位触球的技术，并提高传球的准确性。 **方法：** 1.进行散点练习。 2.以五人一组将学生平均分成八组，练习绕过标志物运球给下一名学生。 **要求：** 1.全身协调用力，重心下降。 2.强调运球时养成抬头观察四周的良好习惯。 3.传球时注意控制球向前的速度，重心跟上，用脚内侧将它传给同伴。 **难度与变量：** 掌握曲线运球要领，体会重心的移动，以及支撑腿在变向时的位置，控制住球。 **注意事项：** 1.进行运球练习时要抬头向前看，不要低头只看眼前。 2.一旦失误，球滚到别的组，捡球时要注意安全。	图示： | 学生人数	练习时长	场地范围 | |---|---|---| | 40人分8组 | 20分钟 | 20米×20米 | **练习执行过程要点提示：** 1.曲线运球时脚尽量多触球，始终将球控制在自己的脚下。 2.变向时部位要准确，重心要跟上。

续表

部分	教学任务与要素	场地布置与安排			
结束部分	**整理放松与分享引导** **目标：** 进行放松活动并做小结。 **方法：** 进行伸拉练习。 **要求：** 散点站位，保持安静。	学生人数	练习时长		场地范围
^^	^^	40人	10分钟		近距离散点站位
^^	^^	**分享与引导：** 在练习的过程中，提示学生充分利用场地，抬头观察并寻找队友。			

+

教学主题： 对抗类 对抗与比赛	教学目的：以教学设计、难度变量、对抗传球的学习等方式，使学生意识到团队的重要性。	时长
课次： 第四学期第十次	教学任务：在跑动的基础上传球；通过学习，强调传球的重要性。	40分钟

器材	▭	⋯	⊥	⚑	号衣	●	○	●	●
数量	0	0	0	0	数量	0	0	0	0
器材	⚽	▼	▲	○	⇢		→		〜
数量	20	20	0	0	球员跑动路线		传球路线		运球路线

部分	教学任务与要素	场地布置与安排
准备部分	**热身活动** **目标：** 通过传球练习训练学生传球的准确性，发展跑的能力。 **方法：** 1.将学生平均分成20组，每组2人，面对面站立。 2.2人面对面进行传球练习。 **要求：** 1.传球要准确。 2.积极跑动。 **难度与变量：** 由原地传球到2人行进间传球，再到3人、4人、5人的行进间传球。 **注意事项：** 跑动时要注意安全。	图示： | 学生人数	练习时长	场地范围
40人	10分钟	15米×20米 | **练习执行过程要点提示：** 1.注意观察场上学生的行为。 2.提醒学生的动作。 3.及时鼓励学生。

续表

部分	教学任务与要素	场地布置与安排
基本部分	**技术技巧、协调性或对抗练习** **目标：** 利用场地的长度和宽度，大胆地运球过人。传导配合有利于增强自信心，进一步认识团队的重要性。 **方法：** 1.讲解本次课的内容。 2.以两至四人一组将学生分成若干组。 3.在规定区域内进行练习。 **要求：** 传球到位，跑动到位。 **注意事项：** 1.跑动时要注意安全。 2.注意传球时机，并呼应时机。 3.要多传球，缩短自己运球的时长。	图示： | 学生人数	练习时长	场地范围
40人	20分钟	15米×20米 | **练习执行过程要点提示：** 1.指令性教学完全按照练习要求完成。 2.学生能否很好地观察对手的位置。 3.学生能否利用空间，并很好地绕开对手。 4.教学中遇到问题，随时提问。

续表

部分	教学任务与要素	场地布置与安排		
结束部分	**整理放松与分享引导** **目标：** 进行放松活动并做小结。 **方法：** 1.深呼吸练习。 2.放松全身肌肉练习。 **要求：** 散点站位，保持安静。	学生人数	练习时长	场地范围
		40人	10分钟	规定的范围内
		分享与引导： 引导学生学会观察，以便掌握与对手之间的距离。		

十一

教学主题： 技术类 协调性练习、多部位触球练习	教学目的：通过练习，学生可初步掌握变化的步伐，并体会身体重心移动的感觉，初步掌握上次课教的球性练习要领。	时长
课次： 第四学期第十一次	教学任务：在协调性练习的过程中锻炼学生的反应能力，使学生在练习的过程中注意双脚协调配合。	40分钟

器材	▬	▥	⚊	ᛍ	号衣	●	○	●	●
数量	4	0	0	0	数量	0	20	0	20
器材	⚽	▲	▲	⬭	┄┄►	──►	～～	
数量	40	5	40	0	球员跑动路线	传球路线	运球路线	

部分	教学任务与要素	场地布置与安排
准备部分	**热身活动** **目标：** 经过热身，学生可在本次课中保持良好的身体状态，避免受伤。 **方法：** 1.提前将活动的内容、注意事项等告知学生。 2.带领学生活动全身大、小关节，调动他们参加活动的积极性，发挥他们的身体能动性。 3.进行软梯练习（小步跑、高抬腿跑、两侧移动跑）。 **要求：** 动作到位、快速、灵活。 **难度与变量：** 1.四八拍热身。 2.三分钟练习。 **注意事项：** 提示动作要领，每个部位的动作都要到位。	图示： | 学生人数	练习时长	场地范围
40人	10分钟	20米×20米 | **练习执行过程要点提示：** 观察学生的整个练习过程，如果动作没有到位，要进行适时的提示，并示范正确的动作。

续表

部分	教学任务与要素	场地布置与安排
基本部分	**技术技巧、协调性或对抗练习** **目标：** 通过练习，学生可巩固在曲线运球中不同部位触球的技术，并提高传球的准确性。 **方法：** 1.用不同颜色的标志盘标出场地。 2.学生在场地的两端出发，根据教师喊出的颜色，依次快速运球到达每行不同颜色的标志盘处。 3.每次两人同时从两端出发。 **要求：** 1.全身协调用力，重心下降。 2.强调运球时养成抬头观察四周的良好习惯。 3.运球的同时能够合理利用相关部位急停、急起。 **难度与变量：** 掌握曲线运球要领，体会重心的移动，以及支撑腿在变向时的位置，控制住球。 **注意事项：** 进行运球练习时要抬头向前看，及时改变方向并躲避其他队友。	图示： | 学生人数	练习时长	场地范围
40人分10组	20分钟	20米×20米 | **练习执行过程要点提示：** 1.曲线运球时脚尽量多触球，始终将球控制在自己的脚下。 2.变向时部位要准确，重心要跟上。

续表

部分	教学任务与要素	场地布置与安排		
结束部分	**整理放松与分享引导** **目标：** 进行放松活动并做小结。 **方法：** 进行伸拉练习。 **要求：** 散点站位，保持安静。	学生人数	练习时长	场地范围
		40人	10分钟	近距离散点站位
		分享与引导： 在练习的过程中，提示学生充分利用场地，抬头观察并寻找队友。		

十二

教学主题： 对抗类 对抗与比赛	教学目的：将所学的动作、技术充分运用到比赛中。	时长
课次： 第四学期第十二次	教学任务：通过对抗比赛培养团队意识和合作精神。	40分钟

器材	🏐	▭▭▭	⚐	⚑	号衣	●	○	●	●
数量	0	0	0	0	数量	10	10	10	10

器材	⚽	▼	▲	◯	┄┄▶	───▶	∿∿▶
数量	40	20	40	0	球员跑动路线	传球路线	运球路线

部分	教学任务与要素	场地布置与安排
准备部分	**热身活动** **目标：** 通过复习之前所学的足球基本技术，提高学生对球性的熟练程度。 **方法：** 1.将场地分成个人原地球性动作练习区、行进间基础运球练习区和两人一组传接球练习区。 2.将学生分组，分布在不同区域同时进行练习；到一定时间后轮换区域。 **要求：** 1.轮换区域时要快速反应，将自己的球控制好，同时快速寻找传球同伴和活动区域。 2.合理寻找空间，快速达到练习目的。 **难度与变量：** 在控制好自己的球的同时，也能观察到其他队员。 **注意事项：** 练习时要降低重心，养成运动过程中抬头观察的习惯。	图示： | 学生人数	练习时长	场地范围
40人	10分钟	15米×20米 | **练习执行过程要点提示：** 1.注意观察场上学生的行为。 2.非必要无须打断练习。 3.提醒学生的动作。 4.及时鼓励学生。

续表

部分	教学任务与要素	场地布置与安排
基本部分	**技术技巧、协调性或对抗练习** **目标：** 1.使学生在比赛中发挥出训练中的水平。 2.在训练中解决比赛中的问题。 **方法：** 将学生平均分成8组，每组5人，进行五人制足球对抗赛。 **要求：** 1.传球到位，跑动到位。 2.队员之间的配合要默契。 **注意事项：** 跑动时要注意安全。	图示： | 学生人数	练习时长	场地范围
40人	20分钟	15米×20米 | **练习执行过程要点提示：** 1.指令性教学完全按照练习要求完成。 2.学生能否很好地观察对手的位置。 3.学生能否利用空间，并很好地绕开对手。 4.教学中遇到问题，随时提问。

续表

部分	教学任务与要素	场地布置与安排		
结束部分	**整理放松与分享引导** **目标：** 进行放松活动并做小结。 **方法：** 1. 深呼吸练习。 2. 放松全身肌肉练习。 **要求：** 散点站位，保持安静。	学生人数	练习时长	场地范围
		40人	10分钟	规定的范围内
		分享与引导： 引导学生学会观察，以便掌握与对手之间的距离。		

十三

教学主题： 对抗类 对抗与比赛	教学目的：通过对抗练习和比赛的形式，学生可熟练运用个人基本技术，同时培养其团队意识。	时长
课次： 第四学期第十三次	教学任务：在团队对抗比赛的过程中，要时刻提醒学生注意对手和队友的位置，以便进行更有利的进攻。	40分钟

器材					号衣	○	○	●	●
数量	0	0	0	0	数量	10	10	10	10
器材						┈┈	⟶	～～	
数量	20	20	40	0	球员跑动路线		传球路线	运球路线	

部分	教学任务与要素	场地布置与安排
准备部分	**热身活动** **目标：** 通过练习强化学生的足球基本技术和抢断球技术。 **方法：** 1.将学生平均分成10组，每组4人。 2.3人对传球，剩余1人在3人中间抢断球，进行拦截。 **要求：** 1.每名队员都要多跑动。 2.传球进攻队员找空间传球。 3.防守队员积极抢球。 **难度与变量：** 1.将三人对传变为三人两球对传。 2.将一人抢断球改为两人抢断球。 **注意事项：** 1.跑动时要注意安全。 2.防守队员抢球和拦截球时不得犯规。	图示： | 学生人数	练习时长	场地范围
40人	10分钟	15米×20米 | **练习执行过程要点提示：** 1.注意观察场上学生的行为，尤其是防守队员的犯规行为。如有发生，应暂停练习并提问该学生：如何做才是正确的？ 2.非必要无须打断练习。 3.及时鼓励学生。

续表

部分	教学任务与要素	场地布置与安排
基本部分	**技术技巧、协调性或对抗练习** **目标：** 通过练习培养学生的团队精神和配合意识，强化其足球基本技术，增强其自信心。 **方法：** 1.在同一块足球场地上将学生平均分成8组，每组5人，进行对抗比赛。 2.双方轮流攻防，其中两组先进行对抗比赛，胜者留下守擂，败者下场，换另一组攻擂。 **要求：** 1.传球到位，跑动到位。 2.要有集体意识。 **注意事项：** 1.防守队员不得出现犯规行为。 2.场地附近不得有多余的球。	图示： | 学生人数	练习时长	场地范围
40人	20分钟	15米×20米 | **练习执行过程要点提示：** 1.指令性教学完全按照练习要求完成。 2.学生能否很好地观察对手的位置。 3.学生能否利用空间，并很好地绕开对手。 4.教学中遇到问题，随时提问。

续表

部分	教学任务与要素	场地布置与安排		
结束部分	**整理放松与分享引导** **目标：** 进行放松活动并做小结。 **方法：** 1. 深呼吸练习。 2. 放松全身肌肉练习。 **要求：** 散点站位，保持安静。	学生人数	练习时长	场地范围
^^	^^	40人	10分钟	规定的范围内
^^	^^	**分享与引导：** 在进行团队对抗比赛时引导学生学会观察，注意对手和队友的位置，用最短的时间和最节省体力的方式进行配合。		

室内课程教学内容素材（一）

课程名称：脚背正面踢球技术动作介绍

内容素材

动作讲解

直线助跑，最后一步稍大些，支撑脚在球的侧面10—12厘米处积极着地支撑，脚尖正对出球方向，支撑腿膝关节微屈。踢球腿以髋关节为轴，大腿带动小腿由后向前摆动，当膝关节接近球的正上方时，小腿做爆发式的摆动，脚趾屈曲，以脚背正面部位击球的后中部。击球后身体及踢球腿随球前移。

第七部分　第四学期教学实例　199

预设问题

何种情况下使用脚背正面踢球？

提问学生：

1.同学们，你们觉得脚背正面踢球难不难？

2.同学们，你们动动脑筋，想想什么时候用脚背正面踢球（一年级的学生可能对脚背正面踢球不太了解，可以先抛出问题，让他们带着问题往下学习）？

教师根据学生的回答情况，用语言和动作使学生明白什么样的球是用脚背正面踢的（结合一年级学生的心理），如用脚背正面对墙踢球、用脚背正面将球传给同伴、用脚背正面方式踢摆好的物体等。

通过视频介绍脚背正面踢球的动作

播放脚背正面踢球的视频（最好结合练习的视频），让学生将脚背正面踢球的动作要领记在脑子里。

参考文献：

全国体育院校教材委员会.现代足球[M].北京：人民体育出版社，2000.

室内课程教学内容素材（二）

课程名称：角球、球门球与掷界外球

教师语言引导：在足球运动中往往出现球出边线的情况，它们的叫法不同，你们知道它们各自的名称吗？

教师引入正题：今天老师就来给大家介绍"角球""球门球"和"掷界外球"。

一、角球

当球的整体从地面或空中越过球门线，而最后触球者为守方队员，且根据相关规则不是进球得分时，应判为角球。

角球可以直接射入对方球门而得分。

注意事项：

必须将球放在离球出界处最近的角旗杆的角球弧内。

绝不允许移动角旗杆。

对方必须至少距角球弧 9.15 米（10 码），直至比赛进行。

必须由攻方队员踢球。

当球被踢并移动，即为比赛进行。

违规与判罚：

对于其他任何违反相关规则的现象，都应重踢。

观看视频。

二、球门球

当球的整体从地面或空中越过球门线，而最后触球者为攻方队员，且根据相关规则不是进球得分时，应判为球门球。

球门球可以直接射入对方球门而得分。

注意事项：

由防守方从球门区内的任何一点踢球。

对方应在罚球区外，直至比赛进行。

当球被直接踢出罚球区，即为比赛进行。

违规与判罚：

如果违例发生在守门员本方罚球区内，则由对方在发生地点踢间接任意球。对于其他任何违反相关规则的现象，都应重踢。

观看视频。

三、掷界外球

当球的整体从地面或空中越过边线时，掷界外球判给最后触球队员的对方。

掷界外球不能直接进球得分。

注意事项：

在掷出球的一瞬间，掷球者应：

面向比赛场地。

任何一只脚站在边线上或边线外。

使用双手。

将球从头后经头顶掷出，使球越过边线。

所有对方队员距离掷界外球地点不能少于2米（2码）。

当球进入比赛场地，即为比赛进行。

违规与判罚：

如果对方队员以不正当手段阻碍掷球队员或分散其注意力，他将因非体育行为而被警告。对于其他任何违反相关规则的现象，都由对方掷界外球。

观看视频。

它们的相同点：

1. 都是球出界成为死球后重新开始比赛的一种方法。

2. 罚球或掷球时，防守队员都要与罚（掷）球点保持一定距离。

3. 踢球队员在其他队员触球前绝不允许再次触球。

4. 将球移动或者球进入场地即为比赛开始。

参考文献：

[1] 中国足球协会.足球竞赛规则分析与裁判法[M].北京：人民体育出版社，2013.

[2] 谭海，陆俊，刘铁军.足球竞赛规则问题解答[M].北京：人民体育出版社，2009.

第八部分

教学中操作要点指导

一、小学足球教学中游戏法的运用

从幼儿期到儿童期，游戏对于一个人，可以说是生活的主要内容，也是其社会化的主要途径。足球项目技术组合复杂，初学者支配动作难度大，所以在足球项目教学的初级阶段，游戏法发挥着重要的作用。在游戏中，儿童体验不同的社会角色，体察彼此的情感差异，尝试挑战有难度的动作，体验延续友谊和快乐的各种方式。对于小学阶段的儿童，随着课堂学习时间的增加、学习压力的增大，体育游戏成为其游戏生活中的重要构成部分。体育游戏多在体育课堂上进行，教师作为课堂的组织者，对体育游戏的理解和熟悉至关重要，尤其是通过体育游戏对孩子们"软技能"的提高进行引导，以及体育游戏中蕴含的规则意识、运动精神、情感能量助力了这一阶段儿童的社会化，培养并提高了其亲社会能力，激发了他们参与足球运动的动机和热情，甚至可以对其他学科知识的学习产生积极的影响。该时期发展儿童心理的主要任务是勤奋感的培养，所谓的"勤奋感"是主动参与一些事情，并愿意为之付出努力的心理倾向。小学阶段的勤奋感有利于儿童形成对未来的学习生活、社会生活的积极态度。设计合理、形式多样、实施有效、富有快乐体验的体育游戏能够培养儿童应对挫折的积极态度和能力。

在足球课堂教学中，还要打破必须使用"足球游戏"的思维定式，更加开放地应用体育游戏。在课程的不同部分当中，体育游戏应该体现不同的功能，如激发兴趣、导入教材内容、复习并预习、调整学生状态、提高运动负荷、重复练习、整理并放松等。在明确了目的的前提下广泛采集或创编体育游戏，运用到足球课程中，丰富课堂内容，提高学生们的参与度，这样的更加开放的思维应该存在于教学设计的每一个环节之中。应该在小学足球课堂上最大限度地发挥体育游戏的功能，使体育游戏效益最大化的关键是体育游戏的执行模式，也就是教学模式。在足球课堂上，体育游戏的执行模式也由三个基本部分构成：执行目标、执行程序和条件、结果评价。选择什么样的体育游戏执行模式不仅与足球教材内容及课程内容相关，还取决于小学阶段儿童的心理发展特点及需求。

小学体育游戏的执行模式

执行模式	执行要点	教师角色
指向胜任感的执行模式	为儿童设置合适的目标	儿童的"导师"，给予建议
指向自主感的执行模式	为儿童提供探究的情境	儿童的"助手"，提供支持
指向归属感的执行模式	为儿童设计合作的课题	儿童的"同伴"，共同参与

小学阶段儿童的基本心理需求分别是：胜任感的需求，即"我能够做得更好"；自主感的需求，即"我想自己来做，而且可以做好"；归属感的需求，即"我想与同伴一起做"。据此，可将体育游戏的执行模式分为

三类（如上表所示）：一类是指向胜任感需求的执行模式，一类是指向自主感需求的执行模式，一类是指向归属感需求的执行模式。体育游戏的执行过程渗透着多种执行模式的元素。

指向胜任感的执行模式

执行目标：关注儿童的个体差异，为儿童设置合理的目标，帮助儿童达到个体目标，进而获得成就感和自信心，形成对下一次足球课的期待。

执行程序和条件：1.设置儿童活动目标。对于1—3年级的儿童，教师可以根据观察结果，为儿童设置活动所要达到的目标，或者安排符合其能力水平的活动任务和角色；对于4—6年级的儿童，教师可让他们根据对自身能力的判断，自主选择活动目标，应重点关注活动参与度低的儿童。2.儿童基于目标参与游戏。在参与游戏的过程中，教师应认真观察儿童，给予儿童适时的指导和及时的鼓励。3.调整目标。当儿童完成个体目标后，鼓励儿童提高目标；当儿童完成目标着实困难时，帮助儿童合理地降低目标。

操作要点：个体性的任务完成更明显地体现了胜任感，如不同距离的"足球保龄球"游戏、在奔跑中对标志物的颜色进行辨别等游戏，教师需要根据学生的个体情况设置难度，游戏由简至难。在执行的过程中应该综合运用激励措施，并在游戏结束后给予学生鼓励和肯定。

结果评价：基于儿童能力、成绩在之前水平上的提高，对儿童进行评价，重点是自我的纵向比较；同时请儿童进行自我评价，即对自己在目标完成过程中的表现进行分析和评价。在整个过程中，教师的角色是儿童的"导师"，帮助他们设立目标，并为他们完成目标提供建议和指导。

指向自主感的执行模式

执行目标：使儿童拥有独立完成任务的机会，在其中感受探究、创新的快乐，进而增强他们参与体育游戏的内在动机。

执行程序和条件：1.教师精心设计问题情境（例如体育游戏名称的设计、体育游戏执行中的困境、体育游戏背景资料的搜集、体育游戏的组织等），引发儿童解决问题的欲望；2.依据教师提供的规则，儿童自主选择任务或任务完成的方式；3.儿童独立思考，探究问题；4.儿童验证并展示探究结果。

操作要点：教师可尽量将游戏名称"足球化"，充分考虑到身体动作在游戏场景中的应用，如不同任务的分站式游戏可以奔跑或运球技术使各站相连，站内任务可根据学生的基础水平，以足球技术动作或身体练习的形式来完成，也可以涉及识字、数学运算等其他内容。要在执行中观察学生的表现，在他们感到困难时给予必要的协助，准备好提示问题并对学生得出答案进行引导。

结果评价：教师重点进行过程性评价，即对儿童解决问题的态度、付出努力的程度、探究结果的可行性和效果进行评价。在整个过程中，教师的角色是儿童的"助手"，为他们完成任务提供资源，甚至参与到儿童的探究活动中。

指向归属感的执行模式

执行目标：使儿童学会尊重他人、与他人合作、在小团体中进行分工、就彼此意见的差异进行协商。

执行程序和条件：1.教师向儿童说明任务要点及执行规则（任务在性质上应是需要解决的"真"问题，切不可停留在分组练习的层面上）；2.依据班级规模进行分组，建议小组规模为4—6人，确定组长；3.各小组依据任务目标进行分工、合作，并执行任务；4.展示小组合作的成果（依据游戏内容，各组轮流展示或竞赛）。

操作要点：设计时要考虑到学生的分工和分组，规则应尽量简明。对于复杂的分组，应有不同的角色赋权，如记录员、计时员、运动员、观察员等；对于游戏结果，应该引导学生进行小组合作模式的探讨。对有一定基础的学生，可将球性练习、运传球练习等融合在小组合作任务之中，不同的学生承担不同的技术任务，综合评价结果。

结果评价：教师重点对小组合作的情况进行评价，提出小组合作过程中存在的问题。在整个过程中，教师的角色是儿童的"同伴"，作为成员参与到小组合作中去，切实感受儿童如何进行合作学习。

二、小学足球教学设计与组织要点

课程执行前

课程执行前为备课阶段，该阶段的主要任务为"两个分析"和"一个准备"。

学情分析：即对本次课参与学生整体状况的考量。该分析应从学生角度及上次足球课程完成的状况着手，对学生的伤病情况、纪律情况、足球课程的反馈情况进行综合评定，并结合教材分析总结出本次课在学生组织环节上应注意的地方，对应重点关注的学生做出预案，对学生分组的方式和方法进行备案。分析时还应考虑到学生的差异性，包括体能差异、性格差异、性别差异等，并合理确定教师参与时机，对赋权角色进行分配。

教材分析：即对本次课的主要教材内容及教学方案进行分析，在熟悉活动各环节后，结合学生的具体情况将方案印在头脑中。教材分析的重点是组织方法的揣摩。组织方法即在活动中如何有效地将学生组织在一起，并使他们集中注意力，包括队形的调动、激励的使用等。还应该考虑到足球器材的使用不要过多，以及何时使用器材、何时整理器材。在足球器材方面多做思考将避免一些损伤风险，同时防止分散学生的注意力。进行教材分析时还应结合足球场地的情况进行思考，在充分利用场地的前提下，应避免在不平整或满是砂砾的地面开展活动。可将不完善区域作为器材集中区或教师观察区，结合场地、学生情况适度对教材中列出的场地使用办法进行修正。应对教材中的图示充分理解，对执行环节进行预习，包括观察角度及组织、引导语言，提问引导的教学方法应贯串教学始终，不得忽视。在该分析环节中，还应练习讲解语言，做到慢速而精炼，对活动要求熟记于心，便于在活动中掌控局面。活动方法及图示应引发对活动中重点、难点的思考，重点是记住必须讲的内容，难点是如何去讲各个环节。这些前期的思考是妥善执行的基础。

器材准备：器材准备要本着"宜少不宜多"的原则，因为闲置的器材不仅会转移学生的注意力，也是运动安全的隐患。尤其是在足球教学时，应有一个合理的器材区对它们进行存放，在不使用器材时严守"器材不出区"的准则。课上可利用的器材特性不仅有器材的种类，还包括其颜色，多颜色的标志物可以更加明确地分区场地，如起点线、终点线，活动区、折返区等，并体现不同的活动功能。摆放不同颜色的标志物能有效地辅助讲解、示范环节，也能从色彩上激发学生的参与热情。对于一个好的执行者，还可以从生活环境中寻找运动器材的替代品，在保证安全的前提下对生活用品进行有效利用也会令学生耳目一新，如从器材使用及回收的过程中引出环境保护知识、帮助他人的品质等，课堂内容便更加完善。对于器材管理，可对学生进行赋权，但在人员选择上应进行充分考量，鼓励自觉管理，可适时进行引导。

课程执行中

课程执行过程中最主要的是观察和判断。从教学技能角度考虑，讲解、示范、组织等环节均需要慢慢积累并进行自身转化。

观察是判断的基础，对环境的观察和对学生的观察同等重要，但前者包含的内容少一些，主要是对场地、器材及周边干扰源的观察。场地上多余的杂物是观察的主要负面对象，如何将场地中原有的线、区利用到活动中是场地观察的积极对象。对器材的观察，除了要关注器材散落和摆放的位置，还应注意到多余的器材。例如一条直线用5个标志物即可体现，实际上却用了8个。标志物过多，会有绊、摔等事故发生的可能，所以器材的数量与风险发生的概率成正比。观察学生要从身体、心理两个方面进行。学生的身体素质不同，足球基础也有差异。要着重对体质偏差的学生进行观察，面色绯红、呼吸急促、汗流浃背等情况均是需要观察的表象，出现过度情况应及时让他们休息并补水。在课堂上，学生的任何非常规行为都代表他们当时的心理状态，年龄小的学生最容易注意力不集中。嬉闹型学生的注意力分散便于观察与治理，而安静型学生的注意力分散不易分辨，这也是运动损伤发生的主要原因之一，尤其在有球练习阶段。所以应经常用提问、激励等间接手段将学生的注意力吸引到课堂，思维引导和全力参与是解决该问题的两个方向。

课堂约定：足球课堂的开放性、器材风险性和频繁接触性造就了课堂管理的复杂化，传统方式惯用"严管"，课堂气氛凝重而肃静，教师主宰着课堂上所有的声音和动作。这样的管理理念不仅限制学生的天性，而且不是长久之计，当学生发现教师的威信仅仅来自表面时，课堂管理的一切手段都被化解了。课堂管理应该以学生为主体，运用隐性、潜在的手段使学生逐渐养成自我约束、自我管理的习惯。

口头约定：根据不同年龄段学生的特点，可以有不同的班级约定，这种约定应是师生均严格遵守的概念式词汇或短句，不宜复杂，如"相互尊重，努力尝试""团结，拼搏，互助""做一个好听众，听从指挥，尊重他人，正确使用器材，尽我所能""努力，安全，热情，有目标，挑战，信任"等。每一个语句均会涵盖一个管理方向或目标，在教学中如出现违反该语句管理方向的行为，教师均要及时进行引导和干预。通过一段时间的认知，逐渐形成班级内个性化的管理理念，作为学生自我管理的基础。

哨声约定：在室外环境下，哨声是便于操作且极具穿透力的施令信号，足球运动更是离不开适时的哨声。哨声应简洁、响亮。还要注意哨声与信息指示的恒定关系，如一声长哨代表静止，多声短促哨代表集中，一声短哨代表开始，以培养学生良好的条件反射。课堂中仅需几种简单的哨声即可，不要将哨声的功能扩大化或滥用，信息传递的不统一会产生负面效果。

手势约定：课堂上，教师应有较为个性化的手势。教师单臂上举意为"保持安静"；教师将大拇指竖在胸前时，学生应将双手大拇指对碰于胸前……这些专有手势不仅能对班级纪律、学生注意力起到引导作用，学生的模仿也会形成特有的班级文化。

口号约定：班级口号内容应积极向上，言语精练上口，能够振奋人心，使人自豪，使班级管理与学生激励融为一体，可以选用与体育、足球相关的口号。班级口号不能只有一个，但也不能过多，有具有明显差异的两至三个较为合适，每个口号最好由两句组成，使用时由教师或某个学生喊出上半句，集体应答下半句。口号约定的应用需注意两个问题：一是少用、精用，适时而用，过多的重复会让学生产生厌倦；二是不同的口号适用于不同的场面，体现不一的功能性。

上述各类型的约定应综合使用，但也应随着足球教学的进程逐一加入，使学生逐渐习惯。每一个约定都需要时间的磨合和教师的积极引导，善于发现学生的闪光点并进行榜样教育是形成约定管理的手段之一，教师自身的以身作则及善于观察是该管理方式的基础。

讲解与示范：在足球课堂教学中，讲解与示范是教师每次课均要用到的教学技能，是引导学生练习的重要途径。在小学足球的教学中，示范的效果好于讲解，特别是在练习方法、游戏方法的教授上，讲解往往很难直接传达意图，示范于是显得更加重要。

讲解：活动讲解需注意用词和语句逻辑两个方面，避免使用专业性词汇，应从学生年龄段的角度考虑，尽量将用语及语气儿童化，讲解时应将语速放慢，适时提问，注意观察学生的神态。语句的逻辑在于活动操作的前后顺序，不应颠倒、反复进行讲解。对于足球游戏的组织方法，应按照"人员如何分组 — 场地如何划分 — 器材功能 — 活动方法顺序 — 获胜办法 — 活动要求"这样的顺序逐一讲解，在"活动要求"环节应对逐条要求进行编号，如"第一，同学们不能相互推搡；第二，听到老师的长哨声应立即停止，原地立正；第三，不能触碰其他同学的球；第四，不要怕失败，努力尝试"。将要求中的内容条款化、具体化、精练化。

示范：从本书课程活动组织的角度来说，更多的示范应用是小组示范及道具示范。小组示范需要小范围的学生进行配合，演示活动中的局部场面，道具示范可用粉笔、石子、瓶盖、战术画板等道具辅助，将活动过程摆放或画出来，配合讲解，便于学生理解。示范过程应该完整，在场地布置完毕之后，如需要到某一点进行折返，示范时就应到该点折返，不能用语言代替部分示范过程；示范时不应有多余的动作，力图精确。对于技术动作的示范，有条件的学校可以选择视频、挂图等辅助工具，结合教师示范、学生示范等形式，让学生从不同的渠道获取信息，使概念更加立体化。

队形与选位：学生的队形变换较多，整体分为横排、纵路、圆形、扇形、U形、通道式、散点式等，但在足球课堂上不应使用得太多，要根据课堂需要尽量减少变换。横、纵两种队形较为死板，但能体现出严肃性，所以在课开始时横排出现得较多，也便于教师观察。纵路不便于讲解和示范，如没有行进的需要，不建议纵路站位。采用圆形、扇形、U形及散点式（互不遮挡）队形，学生能够比较放松，看到自己的同伴，缓解紧张气氛。但在操作时应注意，不能有学生站在教师身后，学生应全部在教师的视线之内。此时教师的选位尤其重要，须保证所有的学生均看得到老师，并清晰地听到老师的讲解。在进行有球练习时，不宜整理、变换队形，要尽量将规整的队形设计安排在足球课的首尾，并在无球的情况下进行整理。教师在选择站位时需坚持如下原则：一是避光、避风、避干扰源的"三避"原则。教师面朝阳光与风向，学生则背向。"干扰源"指一切能够分散学生的注意力的事件或物体，场地内的器材区、进入的陌生人等都可以成为干扰源。有些干扰源是在队列已就绪的情况下产生或者被发觉的，如有明显的干扰，应让学生集体向后转，保持注意力集中。学生们对足球的使用也会相互形成干扰源。在运球练习中，此干扰源会起到积极的作用，促使学生们在运球的过程中积极观察，主动变换；但在传球练习中，不同方向的来球会分散学生的注意力，所以同向练习是必要的。二是便于讲解原则。学生的队列应在练习场地的一侧或者一端，并面向场地。教师在讲解时要确保学生能够在场地上观察；教师也可以逐一讲解场地上的各分区功能及规则，不要让学生站在场地中央或者背对场地。

此外，一些竞速类游戏活动具有方向性及起点、终点线。教师在集合队列后，应在起点线的一侧进行集中讲解和示范，避免在讲解和示范后再进行队伍的调整。当"三避"原则与便于讲解原则在队列方向上发生冲突时，应辨析哪些干扰较为强势，以回避强势干扰为上。

学生分组：校园足球运动的开展往往存在班级人数多、场地空间小等客观障碍，所以强调学生分组、场地分区尤为重要。分组教学是有效利用场地、活跃课堂气氛的良好方式。从学生的心理角度来讲，他们比较重视分组的环节，在乎与同组伙伴的关系和伙伴的能力。如教师过于重视分组规则，也会同时给学生这样的暗示，出现分组后学生情绪下降等现象。所以，在教学中如需要分组，教师应尽量淡化这个过程，不留下明显的痕迹。如"下面老师左边的同学一组，右边的同学一组"这种自然的分组减少了学生思考的时间，分组后应该尽快进入下一环节。还可以采用一些技巧分组，比如在教师手中抽纸片，上面不同的颜色代表不同的组，或采用游戏分组等。

无论何种分组方式，都有原则贯串其中。首先是适用性。分组中的注意事项一定符合课程或者活动的需要，如在对抗类练习中，分组时就要考虑学生的性别均等、技能水平相近等因素。其次是大群体性。除了游戏法运用时的特殊要求，分组不要过多，以免每组人员过少。人员越少，对于学生，越容易出现不满的情绪，而且组数过多，授课时照顾不周的风险也会增加，不好对课堂进行管理与组织。再次是顺应性。学生对于分组的情绪主要来源于没有和要好的小伙伴在一起，教师在分组时，在不影响教学的前提下，可以顺应学生的这种要求，但要提前知晓该情况并在分组中自然体现，不应显露对这些学生有特殊的照顾。一些过于活泼的学生容易出现同组内其他成员嬉闹和打斗的情况，那么分组时也需要有相应的策略。总之，分组过程应简单、粗略，但应在分组前对教材及学生的情况有充分的了解，熟知这些内容后再进行分组程序的简化，并将应该考虑的因素考虑在内。

激励：在任何体育课中都要进行适度的激励，特别是在足球这样的集体项目中。激励不仅是使学生改正惰性的有效手段，也是使学生集中注意力的手段之一。在激励时首先要注意方式、方法的多样性；其次要注意适度、适量，根据课的进程和需要进行不同强度的激励，不要滥用。一般情况下，在一个练习的开始至结束这个过程中运用激励的次数较多，其执行主体应为教师引导的学生集体，教师以单一角色对学生进行激励时应做到简单、明确，注意手势和语言的组织。

榜样激励：首先教师应该成为良好的榜样，在行为规范和示范的过程中应该注重自身行为和言语。在学生中树立榜样也是应该做的，但长时间只有一个学生榜样也会带来负面效应，造成该生与集体的疏离。所以榜样不能过于完美，无可挑剔，应该看到任何一个学生都有可成为榜样的一面，根据事件和学生行为树立榜样，而不是对人进行选择。也可以引入一些外界的榜样角色，但不宜过多。对孩子来说，榜样最好是看得见、摸得到，可以模仿的。如引入明星、名人或其他外界人物，应提供这个"榜样"完整的故事，在学生们知道相关背景的情况下，他才会具有"榜样"的作用。如在室内课上讲述某位足球明星的奋斗历程，并将它提炼为具体的可参照内容，作为榜样激励的载体。运用榜样激励时要对应现实中发生的事件来进行，如一个学生在运动中不愿坚持，可以对他说："既然你喜欢C罗，老师给你讲过他如何严格要求自己进行训练的故事，你应该怎么做呢？"

手势激励：用于激励的手势可以是一个约定手势，也可以是习惯手势。约定手势是班级个性化的约定之一，也是班级文化建设的体现，手势中蕴含着班级的契约精神，可以在师生间、生生间传播。习惯手势多见于竖起拇指，这个手势可被频繁使用，在学生需要鼓励时、活动已准备好并即将开始时都可使用，可作为教师的一个课上习惯。

行为激励：有众多的行为激励动作可供采纳及轮换使用，如击掌、击拳、拥抱、撞肩等。行为激励不应作为常见的激励方式在场上频繁使用，应作为激励中较为高级的形式，如在学生情绪高涨时使用。频繁使用会让学生逐渐产生厌倦情绪，对教师来说也占用了过多的课上时间。

语言激励：语言激励最为常见。"加油"作为最传统、最普遍的语言激励，早已被广泛应用。在进行语言激励时，应该根据环境、事件灵活运用语言，如"你今天比昨天做得好多了""老师相信你肯定会坚持完成""明天你会更棒""你在默默地为集体奉献着""刚才你帮助同学，老师看在眼里了"，等等。这些语句更加符合学生的言语习惯及思维方式，能够引发学生思考并产生激励作用。语言激励也可以是团队性的，比如集体的口号。应事先制定好响亮而上口的语句，由小组成员齐声喊出，这样也能增进团队建设。

提问与分享：提问与分享是课堂教学执行中的重要环节，但往往被忽视。提问可以发生在课上的任意一个环节。在练习前可以提问引入，这时的提问主要针对足球练习方法和足球技术动作方法，利用提问将学生的思维引导到练习之中。可以运用场景提问法，即带故事背景的提问，让学生在头脑中形成一个概念后再进行思考。如发现值得表扬或批评的事件，也可以运用提问，让学生们自己发现问题，发现值得自豪的事情。应将最重要的提问安排在练习后，这时的提问要具有引导作用，将学生的回答引导到教师需要的答案上，并用这个答案阐明一些道理，如相互关爱的重要性，细心在学习、生活中的重要性，善于观察、思考、讲话，等等。提问的内容要与本次课设计的引导话题相关，必要时可以让学生讨论，提问的问题大多来自对活动场景的复述或结果分析、练习设计初衷等，如"老师刚才发现红队在运球游戏中虽然已经落后很多了，但他们每个人都坚持完成了练习，大家应该对他们说些什么呢?"

可在提问前设计好答案，让学生们轮流举手回答。但要记住，对于学生们所有的回答，都不可以告诉他们是错误的。可以这样说："老师同意你的观点，还有其他观点吗?"这是促进学生对提问保有积极心态的重要原则。如果学生的回答中没有预设的答案，可追加问题，也可公布答案，但公布时应该用反问的语气，如"刚才同学们都回答得非常好，但老师觉得如果我们在刚才的比赛中多一些对同伴的鼓励就更好了，大家觉得呢?"也有一种情况是提问后无人回答，有两种可能：一是问题复杂，二是学生不好意思。此时可以将问题细化，如有必要，可以模拟出提问中的场景，还可以指定某位学生先回答，有了一个答案后再进行引导。

分享环节一般在一个练习后或课程结束之前，应使为本次课设计的心理引导理念贯串其中。在分享环节，应该鼓励学生多思考、多诉说。一个好的分享环节会加深学生对本次课内容的印象，对他们今后的生活也会有指导和教育意义。分享环节应该是综述性质，也可用提问法来完成。

总之，提问和分享是课程执行之重，在每节课上都应运用。但需注意的是，在教师讲话时，学生要保持安静，在喧闹的环境下，应先维持秩序，再进行提问。

其他事件：足球课堂是一个开放的课堂，频繁的接触和无限制的言语使课堂难以管理，并且每一节课的管理内容均有差异。因此应将个性化的手段应用其中，对事先的预案也应该充分准备。现针对常见的课堂情况做一些分析：

相互嬉闹：一般在相互嬉闹的情境下总有一两个固定"人物"出现，所以对该情况的管理其实就是对特定学生的管理。可以在分组时将他们分开，也可以将最淘气的学生安排在教师身边，使他在教师讲解时面对大家，活动时可与教师一组。如需进行进一步引导，可以对这样的学生赋权，如让他担任小组的管理者，有了"身份"以后，这样的学生往往更容易被引导和管理。发现嬉闹的情况应及时制止，否则其他学生会认为这种情况是被允许的。嬉闹很少出于单方面的原因，所以应从人物、器材、场地设置、干扰源等角度分析原因，对原因进行判断后再进行处理。对在有球练习中发生的嬉闹行为，应该重点观察并及时制止，这一点也应体现在练习要求中，防范危险发生。

情绪控制：学生们会在课堂上出现各种情绪，足球课堂更容易激起学生的参与情绪。但有时情绪过于高涨也未必是好事，在"得意忘形"的情况下，意外发生的概率也会升高。所以在活动马上开始或活动中应注意控制学生的情绪，对超出活动需要的情绪应尽量控制。对于课堂中学生负面情绪产生，一些分组、器材分配、角色分配都会让个别学生有不愿参与的情绪，这样的情况在女生中比较多。这时可不用过多地关注这个学生，关注意味着对他施加压力，反而会增加他的负面情绪。教师如通过引导先让他加入活动之中，他的很多负面情绪就会在活动中消失。

运动损伤：足球运动本身的特性决定在各类练习中没有可以百分之百地避免损伤的办法，只能将人为损伤的概率尽可能地降低，如采用观察场地利用情况、器材管理、教师站位、控制学生情绪等手段。在未知损伤及其他意外发生时，如不具备相关知识和技能，应及时送医，包括剧烈的疼痛、眩晕、呕吐等。

胜利与失败：在课堂游戏中，应尽量将胜负的概念淡化，不对胜者进行奖励，也不对负者进行惩罚，应给负者更多的鼓励。

广泛参与：广泛参与原则应贯串课堂游戏的始终。每个孩子都有参与的权利，对于身体原因造成无法参与的情况，在不影响本人身体健康且在他们愿意的情况下，应该为该生设置其他角色，如裁判员、发令员等，更多地考虑学生如何参与到同等条件的活动中去，必要时可降低活动难度，但不要明显地表现出对该生有特殊照顾。足球运动技术较为复杂，技能掌握过程较长，所以练习单调与难以发现自身的提高情况成为限制学生参与的主要原因。教师应把握分层教学原则，树立不同的目标，并提前考虑练习目标的变量。课堂反馈的设计和习惯性运用也能够促进学生观察自我成长，从而提高参与度。

教师姿态与用语：在课上，教师应先保证自己的注意力足够集中，学生在自己的视线范围内。在讲话时首先应做到大声，其次做到刚柔并济，下达常规口令时要严肃而响亮，但在分享引导或讲述方法时应考虑使用儿童化的语言，将自己所用词汇、语气变为学生们的日常用语，这样便于学生理解，也容易产生共鸣。在足球专业化词语的使用上，应该进行讲解和演示，经过此过程后逐渐增加专业词语的应用，使学生在观赛、阅读时更好地理解。

课程执行后

课后，首先要完成器材的整理和回收，应先有序回收足球，使学生养成集体收取、小组轮流送回器材的习惯，当然，这要在教师的监督和协助下完成。教师可事先整理好班级值日表，由学生轮流来完成器材的取、存等工作。

课后很重要的工作是进行小结和反馈。应尽早完成本次课的小结，将课上进行顺利和困难的环节均记录下来。先尝试自我反馈，即能否发现自己在课上的不足,是否与预先设计一致,如不一致,原因在哪里。还需尝试从学生的角度分析课堂管理,其中是否有生硬的管理存在,对突发事件的处理是否得当,等等。对于场地和器材,应该在每节课后都思考如何减少或更加合理地运用、管理器材,并对已整理、归纳的问题进行自我反馈,对问题的原因及结果进行讨论。每一个反馈的过程其实都是下一次课的开始。